红楼艺文苑

HONGLOU YIWENYUAN

·············· 朱生树　周磊　编著

江苏人民出版社

图书在版编目（CIP）数据

红楼艺文苑 / 朱生树，周磊编著. -- 南京：江苏人民出版社，2025.5. -- ISBN 978-7-214-30389-9

Ⅰ. K928.705.31-64

中国国家版本馆CIP数据核字第2025MA9872号

书　　　名　红楼艺文苑
编　　　著　朱生树　周　磊
摄　　　影　朱生树
责 任 编 辑　张惠玲
装 帧 设 计　许文菲
责 任 监 制　王　娟
出 版 发 行　江苏人民出版社
地　　　址　南京市湖南路1号A楼,邮编:210009
照　　　排　江苏凤凰制版有限公司
印　　　刷　江苏凤凰通达印刷有限公司
开　　　本　787毫米×1092毫米　1/16
印　　　张　10.25　插页　1
字　　　数　80千字
版　　　次　2025年5月第1版
印　　　次　2025年5月第1次印刷
标 准 书 号　ISBN 978-7-214-30389-9
定　　　价　96.00元

（江苏人民出版社图书凡印装错误可向承印厂调换）

朱生树，1953 年生于南京。园林专业高级工程师，GPU China 会员，江苏省及南京市摄影家协会会员。1970 年 3 月就职于中山陵园管理局，在园林建设、科研、土地规划建设等多岗位历练，功绩斐然，参与诸多知名项目并获奖，获国家级、市、区、局级荣誉多项。工作之余热爱摄影，2013 年退休后专注摄影创作。先后于南京市老年大学、江苏省老年大学、南京晓庄学院等研习摄影及相关理论，擅长人文、风光、建筑摄影，以独特视角展现园林之美与岁月沉淀。

周磊，1973 年 7 月生于南京。金陵科技学院园林绿化本科，高级工程师，1994 年 8 月就职于中山陵园管理局，当年参与了"红楼艺文苑"的设计和建设工作。目前在南京中山园林建设（集团）有限公司继续从事园林绿化工作。

　　"红楼艺文苑"以红楼文化为核心，纪念《红楼梦》与金陵之缘。它以《红楼梦》为蓝本，深入挖掘其中的艺文精髓。园内 11 个意境单元，将红楼诗意场景与人物故事生动呈现。园内以植物造景为主、建筑小品为辅，是一座清式古典写意山水园与传统现代专题公园。其涵盖诸多艺术形式，雕塑、线刻画、书法、诗词等与红楼故事巧妙融合。其规划建设凝聚多方心血。本书是对该园 30 年历程的总结，也是开启红楼文化探索之旅的钥匙，期待能带领读者领略红楼文化的永恒魅力与深厚内涵。

　　"红楼艺文苑"是为纪念世界文学名著《红楼梦》（又名《石头记》）与金陵"石头城"的一段因缘而创作的专题纪念园。

　　悼红轩主曹雪芹，是以对他童年难以忘怀的追忆和对一些金陵人物一生遭际了解的基础上，熔铸而成一部伟大现实主义与浪漫主义相结合的巨著；也可以说是金陵的一方水土孕育了曹雪芹其人和他的著作。这就是为什么要在南京钟山风景名胜区，在文化内容建设中有此一方池馆。

　　纪念园并不试图仿造大观园，而是以植物造景为主，选取《红楼梦》前八十回中具有诗情画意的场景作为造园艺术，创造具有情节性的意境单元。各单元的环境布置试图与主题意境相统一，以寄托设计者对这部巨著的情怀与联想，亦以表明未敢造作赝品大观园的微意。

　　此外，还借用获全国二届优秀设计奖的园林建筑——暗香阁，以陈列纪念曹雪芹的艺文作品，希望当代诗人、画家、书画家、雕塑家、造园家以及广大群众，予以指正，并惠赐作品参与陈列，使展出内容既现"前人"又有"来者"，得以不断充实与提高，使"红楼艺文苑"成为长盛不衰的共同创作。

图-1 《红楼艺文苑》
全景图

"红楼艺文苑"西门说明牌

　　"红楼艺文苑"于 1996 年建成,占地 7 万多平方米。设计者选择文学名著《红楼梦》中的精彩篇章,用植物造景的手法构成 11 个风格各异的意境单元,使之神似一幅大观园图。

满纸荒唐言，一把辛酸泪，都云作者痴，谁解其中味。

——曹雪芹《红楼梦》

曹雪芹，中国文学史上最伟大也最复杂的作家。《红楼梦》，中国文学史上最伟大又最复杂的作品。

关于曹雪芹这个人，他的生卒、相貌、籍贯种种问题，数百年过去，至今仍存在不少争议，没有定论。但有一点是肯定的，那就是这位伟大作家的家族，在江南祖孙三代先后共历 60 余年，曹雪芹出生并成长在南京。关于《红楼梦》这本书，它的版本诸多，续回不一，最早的版本，在他去世前 10 年左右就以传抄问世，如今世界上各种文字的《红楼梦》，令人目不暇接。

但这本巨著无论是在思想内容还是在艺术技巧上都具有永久的艺术魅力，足以卓立于世界文学之林！

因此，数百年来，人们喜爱它、研究它、欣赏它、珍藏它，人们通过孜孜研读这部社会百科全书，从中获得巨大的艺术享受、人格力量和思想启迪。

当我们步入以《红楼梦》这本巨著为蓝本，从中提炼、构思、创作、建设而成的"红楼艺文苑"时，您可以从另一个角度，进一步感知曹雪芹，更深一层了解、体会、思考，以及探讨和研究《红楼梦》这本巨著。

一、『红楼艺文苑』规划设计说明

（一）"红楼艺文苑"的概况

"红楼艺文苑"位于南京钟山风景名胜区内的明孝陵景区梅花山东北角，规划总面积75099.2平方米，背倚风光秀丽的紫金山，东临国际会议大酒店，西至梅花山下蔷薇路，南接新梅园大草坪，北与紫霞湖公园、海底世界公园相连。

"红楼艺文苑"原地形东北高，西南低，最大相对高差9米，园内原有灌溉用水池三处，天然洼地一处，面积约2700平方米，由于本园土地为中山陵花房的花木种植用地，故圩埂明显，地形趋于平坦，地形可利用之处较少。园内中央区域有较大的五针松成片栽植，以及数棵巨大的悬铃木，还有一片密植的线柏；园西侧有一片马褂木林，西北角有一片较大的枫香杂树林；园中的所有树木无法进行移植，所以在规划设计时进行了充分考虑，决定加以利用。

为了丰富本园的园林景观，适应旅游事业的发展和人们文化生活的需求，弘扬我国优秀传统文化的古典文学艺术，中山陵园风景区管理者在此处建设了一座具有中国传统文化底蕴的文化艺术园林——"红楼艺文苑"。

（二）"红楼艺文苑"的造园形式

"红楼艺文苑"的造园形式为：清式古典写意山水园、传统的现代专题公园，以植物造景为主、建筑小品为辅，突出诗情画意与名花品系，用建造"意境单元"的形式，充分体现中华传统文化的精华。

（三）"红楼艺文苑"的园林风格与立意

根据"红楼艺文苑"的环境条件和性质，在风格上采用了与自然山水、人文背景相协调的"自然清幽、意蕴深长"的总体风格，以《红楼梦》为创作蓝本，进行提炼、构思、创作，集中体现"红楼"文化及其自然历史背景，强调其浓厚的文化氛围，以达到从一个侧面集中再现"红楼"文化的目的。在运用园林创作手法表现的同时，融入深厚的文化内涵，既具象又抽象地对"红楼"文化进行呈现，变单一的观赏为融知识性、娱乐性以及探讨研究等为一体的文化艺术园林。

"红楼艺文苑"最重要的立意是展示《红楼梦》的作者、人物、故事等与南京相关联的历史、人文、自然的背景关系，使游览者得知南京就是孕育《红楼梦》这部巨著的故里，推动南京人民的参与、传播和研究"红楼"文化的积极性，从而增强其热爱家乡的自豪感。

（四）"红楼艺文苑"的设计手法

1. 意境单元中的造景

"红楼艺文苑"的空间划分与"意境单元"，尽可能利用《红楼梦》著作中具有诗情画意的章回与场景来设计，每个"意境单元"用不同的艺术形式点题和展示，如："太虚幻境""芙蓉仙界""潇湘竹韵""芦雪联吟""栊翠分花""药园沉醉""香圃计草""沁芳钓台""香丘残红""海棠吟社""梨园雏缨"等，均因地制宜，但求意近，不求形全；植物的配置要求与意境协调，多采用江南地方特色的、体现"吴楚文化"内涵的美人香草，意图将园林建筑与园林植物统一于园林意境之中，将造园诸因素统一于文化内涵的艺术创作之中。

图-2 《春去秋来》

"太虚幻境"中的大牌坊、大门前的喷泉水池以及景点的植物配置。（多重曝光作品，器材：佳能 EOS 5D Mark3，多重曝光模式：加法、曝光次数：2 次。第一次曝光：光圈：f/1.4，快门：1/1000 sec，曝光补偿：0 档、ISO-50，焦距：35.0 mm，镜头：35 mm；第二次曝光：光圈：f/8，快门：1/100 sec，曝光补偿：-5/3 档、ISO-50，焦距：24.0 mm，镜头：11-24 mm）

本园主要运用植物材料造景，将植物的配置与意境紧密联系，在"意境单元"的空间划分上多采用植物材料。如用紫薇、木槿等编花篱，丛植、密植相掩映，辅以假山、阜嶂间隔，少用景墙、漏窗等手法，达到用植物造景突出意境的目的。每个"意境单元"既相互联系又相对独立，以不同的园林手法进行艺术处理，使景点各具特色，达到丰富多变的艺术效果。

图-3 《水天一色》

"沁芳钓台"中植物的配置高低错落，起伏与层次、主从与重点、色彩与形态各具特色，傍晚时分水天一色，犹如人间仙境。

2. 意境单元中的地形处理

根据原有地形，遵循"低方宜挖、高阜可培"的原则，进行水体开挖和土山堆置，运用石包土的手法尽量拉高山势，以求在咫尺之地加大地形变化，形成强烈对比，使人产生不同的地貌感受，对于各景区的微地形变化则根据"意境单元"造景需要，进行小范围的地形调整，设置阜嶂。原有的枫香杂木林地稍加平整基本保持原貌，建造曲折的小路在其间穿插，以达到曲径通幽的效果；马褂木林带和大悬铃木林下则铺设地坪，增添自然的石桌凳，作为园中的休息区域。通过整理后的地形，呈四周高、中间低之势，这样的效果是：其一能产生较好的视觉感受；其二有利于排水；其三有无穷的景深感，静谧幽雅。

水景处理以原地形为依据，经过规划设计改造后，东北高西南低，由东北面将园外紫金山山沟的水引入园中，从东北到西南，把园中的水系串联起来，形成一条完整的水系，其中水体落差用不同形式的桥与跌水坝分隔。根据造景需要进行各种水景特征的营造，形成动态水、静态水的对比，大小水面的对比，或溪、或涧、或瀑、或潭、或池……营造水的不同视觉、听觉感受，并通过水系的展开组织游览序列，以达到全方位欣赏的目的。

3. 意境单元中的空间处理

空间处理以规划设计改造后的地形为依据，按照"意境单元"的造景需要，进行大小空间的划分，让多个"意境单元"从起景、过度、高潮有序的出现，或郁闭，或开敞，在营造意境意匠的同时充分考虑游人的游园感受和生理要求，在空间上注意起承开合，使人不易产生疲劳感而冲淡游兴。通过建筑空间的组合、植物材料造景而创造多种心理感受，运用建筑、植物空间的交替穿插呈现空间层次，丰富景观内容。

图-4 《静谧幽雅》
"海棠吟社"中地形处理，开挖水体、堆砌假山、植物配置、意境深远、尽显静谧幽雅。

图-5 《清流》
"栊翠分花"前有一条溪流，串联着全园的大小水体，是一条承上启下的清流。

图-6 《玉琢银装》
"海棠吟社"通过建筑空间的组合，以种植多个品种的海棠营造意境，增加空间层次，丰富景观内容。

4. 意境单元中的植物造景

　　"红楼艺文苑"在造园手法上主要是运用植物造景为主，所以在植物配置上具有显著的特色。根据地形及意境单元的意匠需求，每个意境单元都分别选取一种或多种主景植物，来展示其艺术内涵，另外再配置其他辅景植物，来提升该单元整体的群植景观。

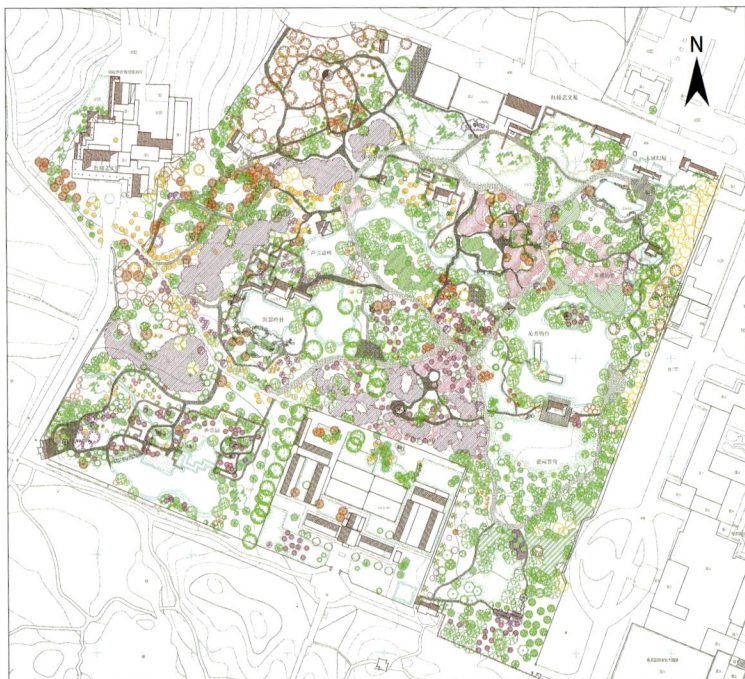

图-7 《红楼艺文苑植被景观图》

图-8 《简约》
"潇湘竹韵"中的空间处理，四周是茂密的竹林，以竹子突出该单元的意境，其空间虽小，却简约而有诗意。

　　"潇湘竹韵"中广植各种竹类，有潇湘竹、琴丝竹、斑苦竹、凤尾竹、菲白竹、人面竹、紫竹、若竹、大明竹、佛肚竹、黄金间碧玉竹、毛竹、孝顺竹等十几种，以竹子作为主要表现植物，体现了林黛玉居住地潇湘馆的环境氛围。

图-9 《浓密葱茏》
"潇湘竹韵"中潇湘竹、斑苦竹、凤尾竹等密植的竹林浓密葱茏，如同绿墙一般，围绕在潇湘馆的周围。

"药园沉醉"广植多个品种的芍药、牡丹，作为主要的景观植物，还利用南面原花圃余留下的一片线柏作围挡，北面用人造土丘作遮挡，其他面则用绿篱围挡，形成了一个封闭的独立空间。再配植鸡爪槭、红枫、黑松、紫叶李、绣球花、红花酢浆草、南天竹等，弥补层次上、色彩上以及季节性景观的缺失，体现憨湘云醉眠芍药裀的意境和情景。

图-10 《回眸》

"海棠吟社"雪后半边亭中的游人回眸被大雪覆盖与雪争春的红梅。

图-11 《惬意》

"药园沉醉"中醉酒的史湘云，惬意地卧在四周都是芍药、牡丹的花池中。（多重曝光作品，器材：佳能 EOS 5D Mark3，多重曝光模式：加法、曝光次数：2 次。第一次曝光：光圈：f/2.8，快门：1/160 sec，曝光补偿：0 档、ISO-100，焦距：75.0 mm，镜头：70-200 mm；第二次曝光：光圈：f/8，快门：1/125 sec，曝光补偿：-3 档、ISO-100，焦距：24.0 mm，镜头：11-24 mm）

《七绝·惬意》——芍药花飞香梦沉，青石板上醉湘云。荷包牡丹添彩韵，惬意诗情画意深。

赏析：这首作品以《惬意》摄影作品为蓝本，通过描绘"芍药花飞""青石板""荷包牡丹"等元素，再现了史湘云醉卧芍药裀的经典场景。诗中"香梦沉""醉湘云"等词句，传神地表达了湘云的憨态与惬意。最后以"惬意诗情画意深"作结，既点明了作品主题，又升华了画面的意境，令人陶醉。

图-12 《林间》
"梨园雏缨"戏台前、大草坪的南面为梨花树林，并以梨树为该单元的意境植物，从林间可观赏舞台上梨园弟子的靓影。

"梨园雏缨"以种植梨花树为主，秋实的柿子树为辅，大片的梨花树花开时，有那梨花满天之意，表现大观园内梨香院中天真活泼、纯真可爱的伶官们，在梨香院内的梨园生活。

"红楼艺文苑"中的植物造景以春景为主，作为梅花山景观的延续，是名副其实的"花的海洋"。主景植物多选用春花植物，突出各"意境单元"之间花期相继出现，使人们感受到植物造景的美感而沉醉其中。

例如："香丘残红"中主景植物大部分是春花植物，而且为繁花植物，梅花就有真梅种系、杏梅种系、樱李梅种系三大梅系，系下面分成直枝梅和垂枝梅两大类，类下面分成十几个型：品字梅型、小细梅型、江梅型、宫粉型、玉碟型、黄香型、绿萼型、洒金型、朱砂型、美人梅型等。型下面品种有：品字梅、黄金梅、淡花寒红、南京红、早玉蝶、江南台阁、南京复黄香、早花绿萼、复瓣绿萼、南京红须、红须朱砂、美人梅，还有南京特有的珍稀品种别角晚水等总计近百个品种；另外，还种植了碧桃十几个品种、樱花几个品种，配植的繁花植物还有榆叶梅、红花檵木等等，使"香丘残红"这个意境单元呈现出一副"香雪海"的美丽场景。还有那"树头树底觅残红，一片西飞一片东"的意境，游人在此游览时，能隐约感受到黛玉葬花的歌声："花谢花飞花满天，红消香断有谁怜？……"

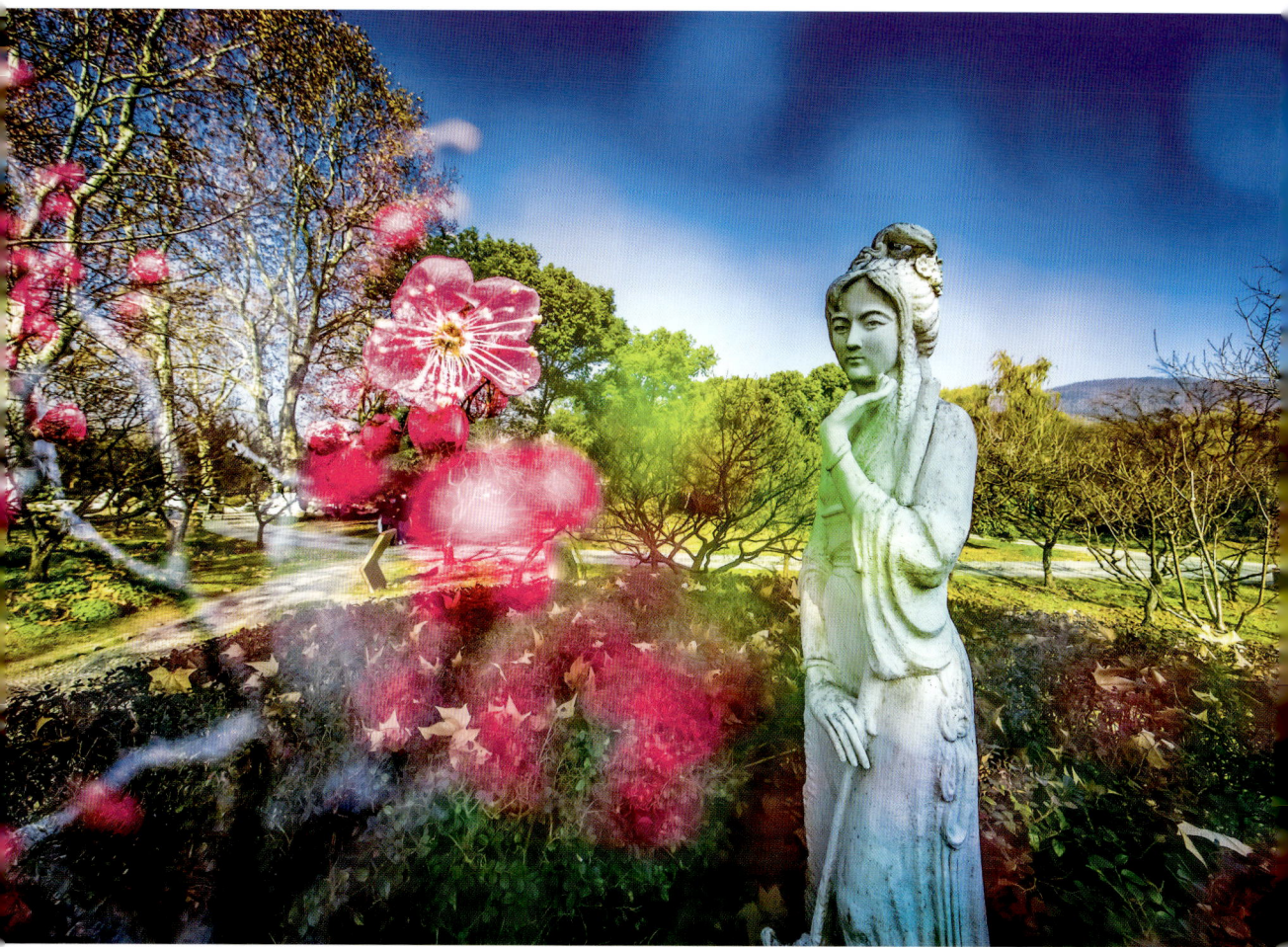

图-13 《葬花》

"香丘残红"中广植繁花植物梅花、樱花、碧桃等突出植物造景，在繁花丛林中再现葬花情景，表现"树头树底觅残红，一片西飞一片东"的意境。（多重曝光作品，器材：佳能 EOS 5D Mark3，多重曝光模式：加法、曝光次数：2 次。第一次曝光：光圈：f/1.4，快门：1/1250 sec，曝光补偿：0 档、ISO-100，焦距：35.0 mm，镜头：35 mm；第二次曝光：光圈：f/5.6，快门：1/800 sec，曝光补偿：-1 档、ISO-100，焦距：11.0 mm，镜头：11-24 mm）

　　《七绝·葬花》——花谢花飞花满天，香丘残红映玉颜。黛玉葬花情何限，春尽红颜两不还。

　　赏析：这首作品以《葬花》摄影作品为灵感，通过描绘"花谢花飞""香丘残红"等元素，再现了林黛玉葬花的经典场景。诗中"黛玉葬花情何限"一句，既点明了作品主题，又表达了黛玉对残花的缠绵悱恻之情。最后以"春尽红颜两不还"作结，升华了画面的意境，感叹人生无常，惜春、惆怅、忧伤之情油然而生。

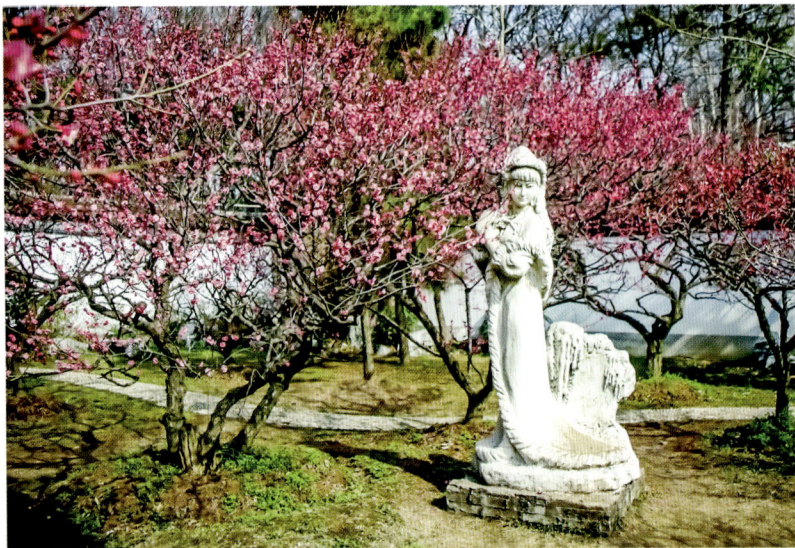

植物群落方面以突出层次感为主要表现手法，地被植物的运用尤为重要，采用具繁花的地被植物，花灌木与乔木、藤蔓等组成地带性多层次的阳光利用结构，以提高园林植物布置的功能与观赏质量。

图-14 《梅林》

"枕翠分花"中配植青松、青桐、芭蕉等。最多的是在宝琴雕塑周围的红梅林，以突出枕翠分花的主题意境。

图-15 《冰凝雪积》

"芙蓉仙界"中木芙蓉和水芙蓉为主景植物，其他植物为辅，其植物群落层次丰富，"芙蓉亭"隐秘其中，雪天冰凝雪积，仿佛仙境一般。

例如："芙蓉仙界"中上层木为原来花圃地路边的悬铃木，设计种植的有栾树、白玉兰、广玉兰、合欢树等；中层木为桂花、石楠、夹竹桃、倒槐、垂柳、紫叶李、木绣球、红花石榴等，最多的主景植物是木芙蓉；底层植物为杜鹃花、金钟花、小叶李桢球、南天竹、十大功劳、红花石蒜、攀缘植物络石、爬山虎、长叶麦冬、鸢尾、射干、大面积的草坪，水体中还有睡莲与莲花、菖蒲等。该意境单元在山坡上植木芙蓉，在水体中植水芙蓉，以增强"芙蓉仙界"的景观效果。水芙蓉在夏季开花、木芙蓉在秋季开花，还配置了多种春花植物如杜鹃花等来缓解季节景观的空缺期。

"芙蓉仙界"中建在山顶的芙蓉亭，石包土的山峰、土包石的缀石、芙蓉亭前的水源喷泉池、用黄石驳岸的小溪，水源最终流入园中最大的水体中，加之上述的那些植物，构成了一副小品建筑点缀，植物群落多层次、形态多样化、色彩四季变化、动静结合，使该"意境单元"宛如一幅动静结合的立体画卷。

图-16 《立体画卷》
"芙蓉仙界"中"芙蓉亭"居高、山峰、缀石、水源池、溪流，植物多层次、形态多样化，色彩四季变换，宛如一幅动静结合的立体画卷。

图-17 《绿色屏障》
"海棠吟社"与"香圃计草"之间有一道乔灌木分隔带，把两个意境单元的空间分隔开来，分隔带的植物起伏有致、层次分明，恰似一道绿色屏障。

5. 意境单元中文学内容的充实

根据不同的场景及意境需要，从书中选出优秀的诗词、情节、场景等，以书法、绘画、雕塑、线刻画、楹联、匾额等形式，再用建筑与小品的题对、命名等手法融入到创作之中，表现文化艺术园林的特色，充实该园的文化内涵。

例如："红楼艺文苑"大门口的"太虚幻境"意境单元中，在大牌坊上所用的楹联为"假作真时真亦假，无为有处有还无"，匾额为"太虚幻境"。通灵宝玉置石上正面刻有"通灵宝玉"，反面刻有"满纸荒唐言，一把辛酸泪！都云作者痴，谁解其中味"！

图-18 《彩桥横空》

例如："红楼艺文苑"西南门的牌匾园名，由南京规划设计大师朱有玠题写。

图-19 《蓝天门》

　　例如：在"芙蓉仙界"意境单元中，山顶芙蓉亭上的楹联为"芙蓉园里寒塘渡鹤影，柳树林中冷月葬花魂"，匾额为"芙蓉亭"。

图-20 《芙蓉亭》

图-21 《有凤来仪》

例如：在"潇湘竹韵"意境单元中，"潇湘馆"门廊楹联为"宝鼎茶闲烟尚绿，幽窗棋罢指犹凉"，匾额为"有凤来仪"，月洞门正反面匾额为"写诗"与"清幽"。

图-22 《荻蒿夜雪》

例如：在"芦雪联吟"意境单元中，"芦雪庵"上的楹联为"皑皑轻趁步，翦翦舞随腰"，匾额为"荻蒿夜雪"。

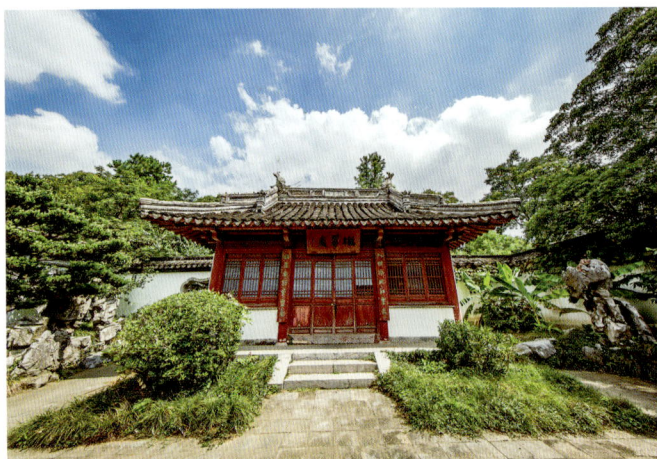

图-23 《栊翠庵》

例如：在"栊翠分花"意境单元中，"栊翠庵"门两边的楹联为"入世冷挑红雪去，离尘香割紫云来"，匾额为"栊翠庵"。"栊翠分花"半边亭上的楹联为"幽梦冷随红袖笛，游仙香泛绛河槎"，匾额为"竟春"。栊翠庵的进门照壁正面刻有"佛"字，照壁反面刻有"福"字。

图-24 《竟春》

　　例如：在"香圃计草"意境单元中，"蓼风轩"的楹联为"旭日映梅丹凤朝阳祝康泰，春风拂柳喜鹊登枝报平安"，匾额为"蓼风轩"。"香圃计草"内的景门匾额正反面有："秋酣与鸿归""伴月与和云""攒花与聚叶"。

图-25 《蓼风轩》

例如：在"沁芳钓台"意境单元中，"沁芳"桥亭上的楹联为"绕堤柳借三篙翠，隔岸花分一脉香"，匾额为"沁芳"。

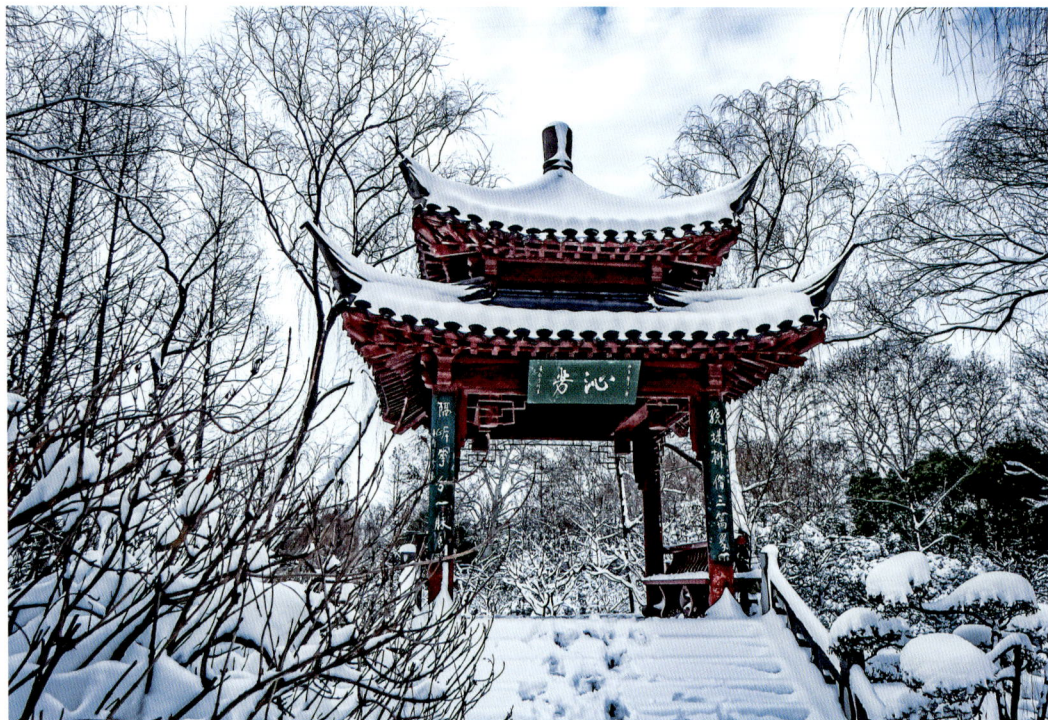

┃ 图-26 《沁芳》

例如：在"香丘残红"意境单元中，"香丘亭"上的楹联为"花谢花飞花满天，红消香断有谁怜"，匾额为"香丘"。

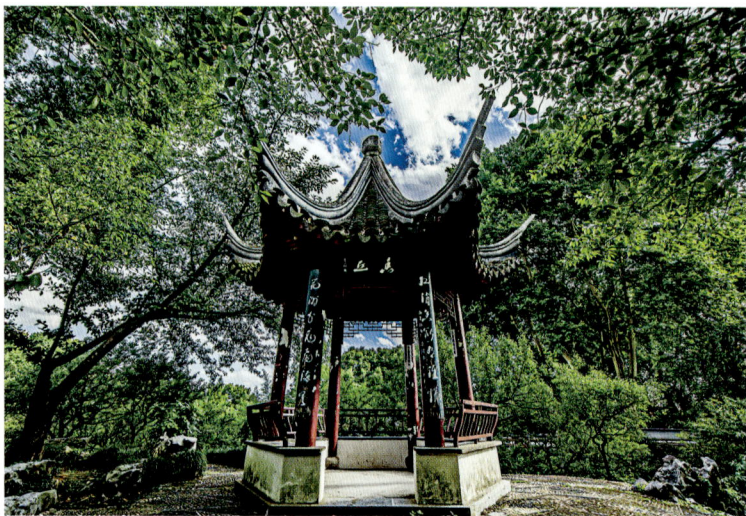

┃ 图-27 《香丘》

例如：在"海棠吟社"意境单元中，半边亭上的楹联为"花因喜洁难寻偶，人为悲秋易断魂"，匾额为"顾影自怜"。"海棠吟社"中，"秋爽斋"南门上的楹联为"偷来梨蕊三分白，借得梅花一缕魂"，匾额为"山水含春"；"秋爽斋"北门上的楹联为"出浴太真冰作影，捧心西子玉为魂"，匾额为"清骨娇棠"；"海棠吟社"内的景门正反面匾额为"问君与芳心""清骨与访君"。

图-28 《早春》
此作品获 2024 年武吉士国际摄影巡回赛 DigIRap 赛区 APAS 金牌。

《七律·早春》 金陵春早雪初晴，曲径通幽入画屏。粉墙黛瓦半边亭，冰湖倒映玉玲珑。
曲廊连缀秋爽斋，古树参天伴奇峰。梅花含苞待放时，海棠吟社诗意浓。

赏析： 这首作品描绘了《早春》摄影作品的意境，通过"粉墙黛瓦""冰湖倒映"等意象展现了画面的静谧与美丽。"梅花含苞待放时，海棠吟社诗意浓"描绘了早春气息，表达了对画面所呈现的童话般世界的赞美与向往。

图-29 《秋爽斋》

图-30 《清骨娇棠》

例如：在"梨园雏缨"意境单元中，水榭上的楹联为"东庭淡映落中白，西字清疑洞府明"，匾额为"梨花春雨"。

图-31 《梨花春雨》
（多重曝光作品，器材：佳能 EOS 5D Mark3，多重曝光模式：加法，曝光次数：2 次。第一次曝光：光圈：f/5.6，快门：1/200 sec，曝光补偿：0 档、ISO-100，焦距：300.0 mm，镜头：100-400 mm；第二次曝光：光圈：f/8，快门：1/15 sec，曝光补偿：-1 档、ISO-100，焦距：100 mm，镜头：100-400 mm）

以上这些楹联与景门题字既向游人普及了文学、审美知识，为意境单元点题，又为人们了解曹雪芹，进一步研究《红楼梦》提供了思路，让人回味无穷。

6. 意境单元中的建筑

本园中建筑物不作为主要的表现题材出现，只作为适当点景，满足造园的组织和划分空间的需要。

例如：在"潇湘竹韵"意境单元中，建筑就只有一个月洞门，半边院落，青砖铺地，院内有一门廊，门廊内有数扇窗和一扇门，窗旁有个妙玉听琴的雕塑，门两旁的楹联是"宝鼎茶闲烟尚绿，幽窗棋罢指犹凉"，匾额为"有凤来仪"。这简单的建筑和周围种植的竹子，就展现出了林黛玉居住的潇湘馆。游人看那歪着脖子听琴的妙玉雕塑，会有身临其境之感，仿佛也听到了那悦耳的琴声。

图-32 《潇湘馆》
简单的建筑、周围密植的竹林，展现了林黛玉居住地"潇湘馆"，环境幽静而又雅致。

    例如：在"栊翠分花"意境单元中，入北门迎面是一座"佛"字照壁，照壁反面刻着 "福"字；照壁东面是一间房的栊翠庵，有楹联为"入世冷挑红雪去，离尘香割紫云来"，匾额为"栊翠庵"，庵旁植有芭蕉，庵前水池立了一块"放生池"的碑，池水与南面贯串全园的水系相连；照壁西面有一座半边亭，楹联为"幽梦冷随红袖笛，游仙香泛绛河槎"，匾额为"竟春"。照壁与半边亭之间是宝琴身披凫靥裘在采红梅的雕塑，雕塑周围片植红梅。贯穿全园的水系把此单元与其他单元分隔开来，虽然建筑不多，但妙玉带发修行的静居禅所，宝琴来栊翠庵采红梅的人物形象，展现得栩栩如生，让人感触颇深。

图-33 《雪压冬云》

"栊翠分花"中一间房的"栊翠庵"，建筑不多，远离世俗，简洁幽静。

图-34 《栊翠》

"栊翠分花"西门匾额"栊翠"，黛瓦门头，青砖门框，粉墙嵌石，卵石铺路，呈现出传统的江南园林风格。

全园"意境单元"中的建筑，数量不多，但都是点睛之笔。

例如：在"太虚幻境"意境单元中，只建了一座大牌坊，门前设置了一块"通灵宝玉"椭圆形置石，门前水池右前方设置一座警幻仙子手举金陵十二钗正册的雕塑。

图-35 《雪晴美景》
"太虚幻境"大牌坊，既为"红楼艺文苑"大门，又是全园的标志性建筑，雪晴美景，令人流连忘返。

图-36 《通灵宝玉》

"太虚幻境"门前设置的"通灵宝玉"椭圆形置石，为太虚幻境增添意境。

图-37 《警幻仙子》

"太虚幻境"大牌坊前、喷泉池右前方的"警幻仙子"，在此为"红楼艺文苑"拉开序幕。（多重曝光作品，器材：佳能 EOS 5D Mark3，多重曝光模式：加法，曝光次数：2次。第一次曝光：光圈：f/5.6，快门：1/800 sec，曝光补偿：0档、ISO-100，焦距：24.0 mm，镜头：24-70 mm；第二次曝光：光圈：f/4.0，快门：1/200 sec，曝光补偿：-2档、ISO-100，焦距：18.0 mm，镜头：11-24 mm）

例如：在"芙蓉仙界"意境单元中，只建了一座芙蓉亭，位于全园的最高处，以及用黄石堆砌的水源池和一条跌水小溪与园中最大的水体相连。

图-38 《仙境》
"芙蓉仙界"中雪后的芙蓉亭就像魔幻般的仙境一样。

例如：在"潇湘竹韵"意境单元中，只建了一带粉墙、数扇漏窗、一座门廊、一个月洞门、半座院落，再加上部分题对和一座妙玉听琴雕塑，种植了十几个品种的竹子来突出主题。

图-39 《清幽》
"潇湘竹韵"中的半边院落、一个月洞门、一座门廊，景门的圈额内为"清幽"外为"写诗"，潇湘馆实为清幽之地。

　　例如：在 "芦雪联吟" 意境单元中，在水边只建了一座连体的茅草亭，意为 "芦雪庵"，水里水边种植了大量的芦苇、芦荻和茅草来烘托该单元的意境。

图-40 《临水》
"芦雪庵" 是一座简单的临水连体茅草亭，位于周围满植芦苇、芦荻、茅草的水体旁。

例如："药园沉醉"意境单元的建筑，为全园最少，只用了一座史湘云醉卧石板上的雕塑来点题。

图-41 《沉醉》
"药园沉醉"中史湘云醉卧四周满是芍药、牡丹的花池中，这座雕塑起到了画龙点睛的作用。

例如：在"沁芳钓台"意境单元中，建了一座闸桥亭、一条蜿蜒曲折的溪流，用黄石堆砌了一座沁芳钓台，还有贾宝玉和林黛玉共同读西厢的雕塑。

图-42 《分享》

"沁芳钓台"中贾宝玉与林黛玉在桃红柳绿的"沁芳"闸桥亭旁，分享《西厢记》的精彩篇章。（多重曝光作品，器材：佳能 EOS 5D Mark3，多重曝光模式：平均，曝光次数：2 次。第一次曝光：光圈：f/5.6，快门：1/100 sec，曝光补偿：0 档、ISO-100，焦距：371.0 mm，镜头：100-400 mm；第二次曝光：光圈：f/4.0，快门：1/8000 sec，曝光补偿：-3 档、ISO-100，焦距：21.0 mm，镜头：11-24 mm）

《七绝·分享》——沁芳钓台柳荫深，碧桃绕径落花纷。宝黛共读西厢记，情投意合两心欣。

赏析：这首作品以《分享》摄影作品为蓝本，通过描绘"沁芳钓台""碧桃绕径"等元素，再现了贾宝玉与林黛玉共读《西厢记》的经典场景。诗中"宝黛共读西厢记"一句，既点明了作品主题，又表达了两人情投意合、心灵相通的美好情感。最后以"情投意合两心欣"作结，升华了画面的意境，令人感受到爱情的美好与温馨。

例如：在"香丘残红"意境单元中，用整理地形时挖水体的土和太湖石堆砌点缀的山岗之上，建有一座六角"香丘亭"，山下立有林黛玉手拿花锄与花篮葬花的雕塑和一座葬花冢。

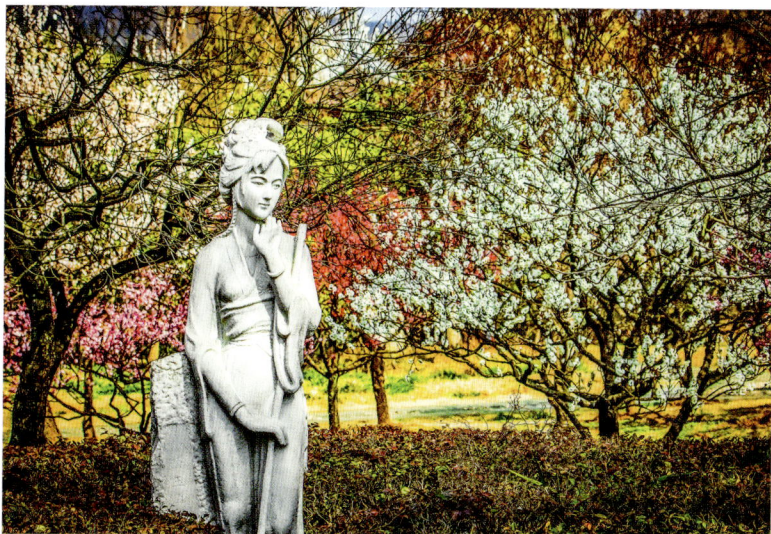

图-43 《花有所归》

"香丘残红"中，繁花落英缤纷，黛玉葬花正当时，花有所归有人怜。

图-44 《观花》

"香丘残红"中，在用整理地形时挖土堆成的山岗之上建造一座六角"香丘亭"，此岗既遮挡住了原老旧的玻璃花房，又为游人提供观花场所。（多重曝光作品，器材：佳能 EOS 5D Mark3，多重曝光模式：加法，曝光次数：2 次。第一次曝光：光圈：f/5.6，快门：1/500 sec，曝光补偿：0 档、ISO-100，焦距：286.0 mm，镜头：100-400 mm；第二次曝光：光圈：f/8，快门：1/200 sec，曝光补偿：-2 档、ISO-100，焦距：11.0 mm，镜头：11-24 mm）

例如："香圃计草"意境单元的建筑由原中山陵花房盆景园改造而成，只建有"蓼风轩"和回廊、云墙、洞门、花窗为全园之最。

图-45 《靓影》
夕阳西下"蓼风轩"旁，一幅靓影的画卷呈现眼前。（多重曝光作品，器材：佳能 EOS 5D Mark3，多重曝光模式：加法，曝光次数：2 次。第一次曝光：光圈：f/8.0，快门：1/800 sec，曝光补偿：0 档、ISO-100，焦距：100.0 mm，镜头：100-400；第二次曝光：光圈：f/10，快门：1/500 sec，曝光补偿：-3 档、ISO-100，焦距：20.0 mm，镜头：11-24 mm）

《七绝·靓影》——蓼风轩外碧波漾，粉墙黛瓦映斜阳。靓影翩翩池畔立，柳丝轻舞醉春光。

赏析：这首作品以《靓影》为灵感，通过描绘"蓼风轩""碧波""粉墙黛瓦"等元素，再现了夕阳下"红楼艺文苑"的美景。诗中"靓影翩翩池畔立"一句，既点明了作品主题，又赋予了画面中人物以诗意。最后以"柳丝轻舞醉春光"作结，将整个场景渲染得如诗如画，令人陶醉。

　　例如：在全园中最多的一组建筑为"海棠吟社"意境单元，它建有四个院落，五个异形景门，一个厅堂，一座线刻画廊，一段曲廊，一座半边亭，一个水体和一座太湖石大假山，假山洞中有洞，下面设有暗河，与"香圃计草"水体相通。水体中有汀步与假山连接，这组带有厅堂（秋爽斋）的精舍建筑，是提供给红学家、诗人、画家、书法家、雕塑家等，展出与《红楼梦》有关的研究成果和艺文创作作品之用。

图-48 《曲廊》

"海棠吟社"中的曲廊步移景异，有曲之不尽之感。

图-49 《朦胧》

"海棠吟社"透过植物的间隙观看"秋爽斋"与"半边亭"，呈现一种朦胧美。（多重曝光作品，器材：佳能 EOS 5D Mark3，多重曝光模式：平均，曝光次数：2 次。第一次曝光：光圈：f/8.0，快门：1/60 sec，曝光补偿：0 档、ISO-100，焦距：200.0 mm，镜头：70-200 mm；第二次曝光：光圈：f/5.6，快门：1/2500 sec，曝光补偿：-5/2 档、ISO-100，焦距：24.0 mm，镜头：11-24 mm）

图-50 《顾影自怜》

从"海棠吟社"的曲廊中看半边亭，更显半边亭匾额意涵——顾影自怜。

总而言之，"红楼艺文苑"的规划建设，不以建筑的规模和体量见长，而以植物造景为主，用少量的建筑烘托"意境单元"的主题，种植相对应的植物来表达每个"意境单元"中的人物故事，烘托其意境。

7. 意境单元中的雕塑

"红楼艺文苑"中的雕塑起点景烘托主题的作用，布置比较分散，设置时根据植物环境、地形特点以及建筑空间而定。根据不同的特点和所选雕塑人物个性特征设计雕塑，同时整个雕塑群体有恰当的立、坐、卧比例，而不是千篇一律。雕塑石材的选择，是根据所选被雕人物的个性特征，雕塑周围所种植的植物特点来选择不同材质及色彩的石材，与园林意匠协调吻合。雕塑人物的选择，则根据《红楼梦》书中的主要代表人物、个性化特征比较明显的人物，能烘托主题的人物，再根据不同的场景、意境以及"意境单元"造景的需要来设置。

"红楼艺文苑"中共设置七尊雕塑、金陵十二钗线刻画一组，分别是：

（1）《警幻仙子》雕塑——"太虚幻境"意境单元中，在大牌坊前喷泉池的右前方，设置一尊警幻仙子手举"金陵十二钗正册"的雕塑，材质为汉白玉。

图-51 《手托正册》
"太虚幻境"中的警幻仙子手托"金陵十二钗正册"。（多重曝光作品，器材：佳能 EOS 5D Mark3，多重曝光模式：加法，曝光次数：2次。第一次曝光：光圈：f/5.6，快门：1/1600 sec，曝光补偿：0档、ISO-100，焦距：28.0 mm，镜头：24~70 mm；第二次曝光：光圈：f/4.0，快门：1/100 sec，曝光补偿：-1档、ISO-100，焦距：15.0 mm，镜头：11~24 mm）

图-52 《悼红轩主》

《红楼梦》作者曹雪芹雕塑，他自诩"悼红轩主"。

（2）《**曹雪芹**》**雕塑**——"海棠吟社"意境单元中，在西侧的海棠树林间"悼红轩主"曹雪芹身穿长衫、手握书券的全身雕塑，材质为青石。

（3）《**妙玉**》**雕塑**——"潇湘竹韵"意境单元中，在潇湘馆的窗旁，妙玉听林黛玉弹琴的雕塑，材质为汉白玉。

图-53 《听琴》

"潇湘竹韵"中妙玉在潇湘馆窗前听琴。

（4）《宝琴》雕塑——"栊翠分花"意境单元，在"栊翠庵"旁的红梅林中，宝琴身披凫靥裘采红梅的雕塑，材质为汉白玉。

图-54 《采花》
"栊翠庵"中宝琴身披凫靥裘在红梅林中采红梅。（多重曝光作品，器材：佳能 EOS 5D Mark3，多重曝光模式：加法，曝光次数：2 次。第一次曝光：光圈：f/5.6，快门：1/160 sec，曝光补偿：0 档、ISO-100，焦距：400.0 mm，镜头：100-400 mm；第二次曝光：光圈：f/5.6，快门：1/4000 sec，曝光补偿：-3 档、ISO-100，焦距：11.0 mm，镜头：11-24 mm）

（5）《史湘云》雕塑——在"药园沉醉"四周密闭的空间里，史湘云醉卧在芍药花池旁石板上的雕塑，材质为汉白玉。

图-55 《花丛中》
"药园沉醉"里太湖石堆砌的种植池中，史湘醉卧在芍药花丛中。（多重曝光作品，器材：佳能 EOS 5D Mark3，多重曝光模式：平均，曝光次数：2 次。第一次曝光：光圈：f/5.6，快门：1/320 sec，曝光补偿：0 档、ISO-100，焦距：400.0 mm，镜头：100-400 mm；第二次曝光：光圈：f/8.0，快门：1/125 sec，曝光补偿：-1 档、ISO-400，焦距：24.0 mm，镜头：11-24 mm）

（6）《贾宝玉与林黛玉》雕塑——"沁芳钓台"意境单元中，沁芳闸桥的溪流边贾宝玉和林黛玉在一起读"西厢记"的雕塑，材质为汉白玉；

图-56 《清澈》
碧波涟漪的溪水边，贾宝玉与林黛玉共读《西厢记》。清澈的溪水把蓝天白云以及两人倒映在水中。

（7）《林黛玉》雕塑——"香丘残红"意境单元中，繁花似锦的花海里，林黛玉手拿花锄与花篮葬花的雕塑，材质为汉白玉。

图-57 《阆苑仙葩》
"香丘残红"里花飞花谢花满天，阆苑仙葩葬花忙。

（8）《金陵十二钗》线刻画——"海棠吟社"的"秋爽斋"东侧建有一组"金陵十二钗"线刻画碑廊，每幅线刻画配有红楼梦线刻人物诗。贾宝玉居中，金陵十二钗分别在左右两侧有序排列，材质为黑色花岗岩。

《红楼梦》金陵十二钗与贾宝玉的判词原文如下：

贾宝玉线刻画右侧为：1.薛宝钗、3.贾元春、5.史湘云、7.贾迎春、9.王熙凤、11.李纨；

贾宝玉线刻画左侧为：2.林黛玉、4.贾探春、6.妙玉、8.贾惜春、10.贾巧姐、12.秦可卿；

1.薛宝钗 – 判词：可叹停机德，堪怜咏絮才，玉带林中挂，金簪雪里埋。

3.贾元春 – 判词：二十年来辨是非，榴花开处照宫闱，三春争及初春景，虎兔相逢大梦归。

5.史湘云 – 判词：富贵又何为，襁褓之间父母为，展眼吊斜晖，湘江水逝楚云飞。

7.贾迎春 – 判词：子系中山狼，得志便猖狂，金闺花柳质，一载赴黄粱。

9.王熙凤 – 判词：凡鸟偏从末世来，都知爱慕此生才，一从二令三人木，哭向金陵事更衰。

11.李纨 – 判词：桃李春风结子完，到头谁似一盆兰，如冰水好空相妒，枉与他人作笑谈。

贾宝玉的线刻画居中 – 判词：无材可去补苍天，枉入红尘若许年，此系身前身后事，倩谁记去作奇传。

2.林黛玉 – 判词：可叹停机德，堪怜咏絮才，玉带林中挂，金簪雪里埋。

4.贾探春 – 判词：才自清明志自高，生于末世运偏消，清明涕泣江边望，千里东风一梦遥。

6.妙玉 – 判词：欲洁何曾洁，云空未必空，可怜金玉质，终陷淖泥中。

8.贾惜春 – 判词：堪破三春景不长，缁衣顿改昔年妆，可怜绣户侯门女，独卧青灯古佛旁。

10.贾巧姐 – 判词：势败休云贵，家亡莫论亲，偶因济村妇，巧得遇恩人。

12.秦可卿 – 判词：情天情海幻情深，情既相逢必主淫，漫言不肖皆荣出，造衅开端实在宁。

图-58 《金陵十二钗线刻画》

二、『红楼艺文苑』中『意境单元』的创作构思

"红楼艺文苑"共有 11 个意境单元,其创作构思、故事简介及出处如下。

(一)《太虚幻境 》的创作构思

该故事出自《红楼梦》第一回、第五回等。

> **"假作真时真亦假,无为有处有还无。"**

相传,女娲补天时,遗下一块顽石未用,弃在青埂峰下。这块顽石经过日月之锤炼,又得山川之精华,便通了灵性,幻化为一块美玉。这块"通灵宝玉"来到人间经历了一段繁华岁月,写就了一部书,镌刻石上,遂名《石头记》。

有僧人偶得之,倍感惊讶,将其抄录下来,流传于世间,只是抄录时感于情节妙趣,竟丢了朝代纪年、地域邦国,于是这故事便不知发生在哪朝哪代什么地方了。正所谓将甄士(真事)隐去留贾雨(假语)村言。

成长于金陵的曹雪芹得到这本书,于书斋中批阅十载,增删五次,编写目录,分列章回,改书名为《金陵十二钗》,并题一绝云:"满纸荒唐言,一把辛酸泪! 都云作者痴,谁解其中味?"

故事使于苏州乡绅甄士隐的一段梦中奇遇:甄士隐到了一个地方,迎面走来一僧一道。二人边走边谈,说是正有一段风流公案该当了结,这一对风流冤家尚未投胎入世,何不趁此机会将这蠢石夹带里面,让他也去经历一番? 原来警幻仙子那里也有一株绛草,赤瑕宫的神瑛侍者见它十分可爱,就天天用甘露浇灌,从不间断,仙草被雨露滋润,终于脱离草木之身,修炼成少女,终日神游于离恨天外。只是常常想起不能回报神瑛侍者的雨露情,心头总郁结一段不尽的缠绵,恰逢神瑛侍者动了凡心,欲去人间经历一番,绛珠仙子也想和他一起下凡,用自己一生的眼泪回报神瑛侍者的甘露之恩。于是警幻仙子便择日成全了这段前世恩怨,于是也就有了衔玉而生的"宝哥哥"和泪落不止的"林妹妹"。

话说一日宁国府园中梅花盛开,当家媳妇尤氏设了酒宴,请大家一块赏花说笑。宝玉忽生困倦,贾蓉妻子秦氏主动照应到她房里去睡,贾母知道秦氏行使温和稳妥,也就放心让宝玉随她安排。进入秦氏房间,一股甜香扑面而来,顿觉身心舒畅,移过鸳鸯枕恍惚入梦。仿佛是袅娜纤巧的秦氏前面引路,飘飘荡荡到了一处仙境,只见石牌坊上写着"太虚幻境"四个大字,随后入"薄命司"。进了门,但见一溜排数十个大柜皆用封条封着,封条上写的皆是各省的地名。贾宝玉只拣了自己家乡的看,那封条上写着《金陵十二钗正册》,再看去又有《金陵十二钗副册》。宝玉正疑惑,警幻仙姑道:"正册即贵省中十二名冠首女子之册,副册则次之。"

待贾宝玉一幅简图一首诗地任意翻阅时,一首音韵凄婉,钻魂夺魄的《红楼梦》曲伴着一群舞女低吟浅唱而出:一个是阆苑仙葩,一个是美玉无瑕,若说是没奇缘,今生偏又遇着他,若说是有奇缘,如何心事终虚化?

图-59 《幻境牌坊》
太虚幻境

此作品获 2025 年昇丰影室国际摄影巡回赛 Digrap 赛区优越奖。（多重曝光作品，器材：佳能 EOS 5D Mark3，多重曝光模式：加法、曝光次数：2 次。第一次曝光：光圈：f/5.6，快门：1/8 sec，曝光补偿：0 档、ISO-100，焦距：312.0 mm，镜头：100-400 mm；第二次曝光：光圈：f/5.6，快门：1/1250 sec，曝光补偿：-2 档、ISO-100，焦距：24.0 mm，镜头：11-24 mm）

《太虚幻境 》"意境单元"说明牌

太虚幻境

出自《红楼梦》第一回、第五回"假作真时真亦假，无为有处有还无"。

"太虚幻境"为"红楼艺文苑"的开篇。相传女娲补天的一块遗石，经日月之锤炼，得山川之精华，幻化成美玉"通灵宝玉"。警幻仙子的一株绛草，脱离草木之身，修炼成少女，终日神游于离恨天外。警幻仙子促成了一对有前世恩怨的人。一个是衔玉而生的"宝哥哥"，一个是一生用眼泪回报甘露之恩的"林妹妹"。

（二）《芙蓉仙界》的创作构思

该故事出自《红楼梦》第十五回、第七十八回等。

"孤标傲世偕谁隐，一样开花为底迟？"

在《红楼梦》众多人物中，林黛玉可以说是作家呕心沥血、倾其所有创造出的一位艺术女神，达到了感天地泣鬼神的艺术境界。

"两弯似蹙非蹙的笼烟眉"，如烟如云一样自然、舒卷，起伏变幻；"一双似喜非喜的含情目"，流泻出多少复杂的感情波澜，智慧和灵性半掩在一腔愁怨和一袭病态之中，这位绝代佳丽就是这样走进大观园的。初进荣国府，母亲已亡，外祖母怜她孤独无依；二进荣国府，已是父母双亡，寄人篱下；最后是一领棺木重返故里，香魂飘散，"花落人亡两不知"。

敏感聪慧的"林妹妹"，初是十二分的小心在意，告诫自己"不可多说一句话，不可多行一步路"。然而在贾府上下有意无意露出许多势利时，这颗心便再也不愿委曲求全、摧眉折腰，而索性无所顾忌地挺直起来，想哭即哭，说恼则恼，将自己"孤高自许""目下无尘"的独特气质，坦荡于世人。黛玉的每一处"小性儿"，都折射着她对人性冷暖的抗争，每一滴多愁善感的泪珠儿，都凝聚着她抗争于社会维护人格的尊严，抗争于时代追求理想爱情的光彩。

在贾府神形各异的丫头中，晴雯则活生生又一位林黛玉。她生的媚眼、削肩、水蛇腰，很有几分"林妹妹的样儿"。那孤傲不羁的心性，更与黛玉相近，虽然奴才，但奴性在晴雯身上却荡然无存，这位一无所有的姑娘在荣华富贵的大观园中，仍然时时维护着自己做人的尊严，决不低三下四、仰人鼻息。

然而晴雯的坦率孤傲和锋芒毕露是封建礼教所不容的，抄捡大观园，首先受害的便是晴雯。大祸临头的丫环仍不肯去求情告饶，单见她挽着头发从容而出，豁地将箱子掀开，两手捉住底子，尽情一倒。王夫人以她生的妖媚、用情勾引宝玉为由，要把病得奄奄一息的晴雯，撵出大观园。其实，在宝玉的几个丫头中，晴雯是除了袭人之外接触宝玉最多的，而容貌之俊美又远在袭人之上，但这位心地洁净的姑娘，不懂得才子佳人式的卿卿我我，更无邪念杂想，不消于用美色去引诱宝玉。对于别的丫头，能给主子倒杯茶，说上几句话，就是很得宠的事了，"风流灵巧遭人怨"！晴雯是封建礼教下的又一牺牲品。晴雯死后，宝玉用诗去祭她，替她向黑暗的社会作出血的控诉。

林黛玉和晴雯的形象，至情至真，至纯至美，红艳千般，芳香凝远，人们在仰慕和怜爱之时，不敢生一丝亵渎。再看洞中临水而立的千株木芙蓉和水体中的水芙蓉，不正是黛玉和晴雯那出淤泥而不染的高洁化身吗？

图-60 《夕照》
芙蓉仙界

《芙蓉仙界》"意境单元"说明牌

芙蓉仙界

　　出自"红楼梦"第十五回、第七十八回等。山上遍植木芙蓉、杜鹃、桂花，水中则静置水芙蓉，相映成趣。暗喻晴雯和黛玉，借花喻人，刻画人物性格。因晴雯遭到王善保家诬陷，被王夫人赶出大观园，惨死表兄家中。小丫鬟信口胡说晴雯死后作了专管芙蓉的花神，正好称了宝玉的心，就把晴雯当作芙蓉花神来祭奠。

（三）《潇湘竹韵》的创作构思

该故事出自《红楼梦》第十七、第八十七回等。

> **"风萧萧兮秋气深，美人千里独沉吟。"**

因了贾家的至高荣耀——贾贵妃省亲，荣、宁二府经过一番筹划，决定拆除会芳园的墙垣楼阁，将东西大院连成一个整体，极尽奢华地营造了个园子，贾贵妃亲题"大观园"。离大观园中心"沁芳"桥亭不远，便可见一带粉墙，几间修舍，千百根翠竹掩映。进入里面，房间陈设、曲廊和后园景色都十分幽雅，正如贾政领宝玉试才题对额时所说："若能在这个地方月下读书，真是不枉虚此一世。"这个地方就是林黛玉日后择下的住处，名曰"潇湘馆"。结海棠诗社时，社员各自取了雅号，探春向众人道："当日娥皇女英洒泪在竹上成斑，故今斑竹又名湘妃竹。如今她住在潇湘馆，她又爱哭，将来她想林姐夫，那些竹子也是要变成斑竹的。以后都叫她作'潇湘妃子'就完了。"于是能琴善赋的林黛玉又平添了个别称。

且说又是一个秋风乍起日，林黛玉独自添了香坐着，才要拿本书看，只听得园内的风直透窗棂，檐下的斑竹稀里哗啦不住地响，便叫了雪雁拿毛衣。打开毡包，却见了宝玉病时送来的旧帕子，自己提的诗，上面泪痕犹在，便又触物伤情，感怀旧事，正是"失意人逢失意事，新啼痕间旧啼痕"，一发珠泪绵绵起来。于是拿来笔砚，濡墨挥毫，赋成四叠，翻合成韵，而后调上琴弦。

再说贾宝玉这天陪了妙玉离开惜春的蓼风轩，弯弯曲曲一路过来，走近潇湘馆，忽听得叮咚之声，妙玉道："哪里的琴声？"宝玉道："想必是林妹妹在那里抚琴呢。"妙玉道："原来她也会这个，怎么素日不听见提起？"宝玉说："咱们去看她？"才学俱佳的妙玉说："从古只有听琴，再没有'看琴'的。"憨宝玉笑道："我原说我是个俗人。"说着，二人走至潇湘馆外，在山子石上坐着静听，甚觉音调亲切，沉吟低婉。二叠吟过，妙玉轻声道："咱们再听，这又是一拍，何忧思之深也！"宝玉道："我虽不懂，但听她的音，也觉得过悲了。"屋里又调了一回弦，妙玉听了，哑然失色道："如何忽作变微之声？音韵可裂金石矣。只是太过了。"宝玉叫道："怎么样？"妙玉回头抛下一句："日后自知，你也不必多说。"说完竟自走了。

图-61 《遒劲葱翠》
潇湘竹韵

《潇湘竹韵》"意境单元"说明牌

潇湘竹韵

　　取自第八十七回"感秋深抚琴悲往事"。宝玉与妙玉二人从惜春处下完棋，离开了蓼风轩，走近潇湘馆，忽闻叮咚的琴声和低声的吟唱。忽然听得琴弦"嘣"的一声断了。妙玉连忙就走，宝玉问道："怎么样？"妙玉道："日后自知，你也不必多说。"通过竹林营造静谧的植物环境和场景，体现林黛玉此时凄婉、孤寂的内心世界。

（四）《芦雪联吟》的创作构思

该故事出自《红楼梦》第四十九、第五十回等。

"何处梅花笛，谁家碧玉箫？"

大观园里诗社正兴时，又来了四位"水葱儿"似的女孩儿，薛宝琴、刑岫烟、李纹和李绮。其中一个叫宝琴的，便是薛宝钗的堂妹妹，生得更是楚楚动人，连成日长在脂粉堆里的宝玉都自叹笑道："老天，老天，你有多少精华灵秀，生出这些人上之人来！"众人正热闹着，有人传来大奶奶李纨的提议，下了雪，到芦雪庵拥炉作诗。于是大家皆盼起了老天再次下雪。

这一日，宝玉踌躇着揭窗一望，一夜大雪，下的将有一尺多厚，天上仍是搓绵扯絮一般，宝玉此时欢喜非常，束腰披蓑赶往芦雪庵来，出了院们，四顾一望，远远的是青松翠竹，自己却如装在玻璃盒内一般。于是走至山坡之下，忽闻得一股寒香拂鼻，回目一看，恰是妙玉门前栊翠庵中数十株红梅如胭脂一般，映着雪色，分外精神。待他来到芦雪庵，丫鬟婆子已在那里扫雪开径。原来这芦雪庵盖在傍山临水河滩之上，一带几间，茅檐土壁，槿篱竹牖，推窗便可垂钓，四面都是芦苇掩覆，一条去径透迤穿芦度苇过去，便是藕香榭的竹桥了。众丫鬟、婆子看见宝玉说："才说正少一个渔翁，如今都全了。"待众姊妹来齐，只见杯盘果菜俱已摆齐，诗题、韵脚、格式已贴出，大家边吃着鹿肉边即景联句。东家李纨开了联首："一夜北风紧，开门雪尚飘，入泥怜洁白。"

图-62 《芦雪庵》
芦雪联吟

《芦雪联吟》 "意境单元" 说明牌

芦雪联吟

　　引自第五十回"芦雪庵争联即景诗"，大观园群芳一起到芦雪庵中赏新雪，烤鹿肉，大吃大嚼一番，又热热闹闹地作即景联句诗。湘云、黛玉、宝琴最活跃，联到后来不顾规矩，抢作起来，十分有趣。以芦雪庵的古拙粗犷，芦荻、芦苇的自然野趣烘托这冬雪芦苇荡的美景。

（五）《栊翠分花》的创作构思

该故事出自《红楼梦》第五十回等。

"疏是枝条艳是花，春妆儿女竟奢华。"

大观园竣工之后，园中尚有一座幽静房舍，于是府里聘买十位小尼姑、小道姑在房舍理事。另外特请一位带发修行的姑娘来主事，法名妙玉。妙玉原是官宦人家的小姐，模样才学样样有品，只因幼年多病，无药可医，又情性怪僻，才入了空门。

话说芦雪庵众人争联即景诗，最后逐句平去，又是宝玉落了第。宝玉笑道："我原不会联句，只好担待我罢。"社长李纨却说："也没有社社担待你的，今日必罚你。我才看见栊翠庵的红梅有趣，我要折一枝来插瓶。可厌妙玉为人，我不理她。如今罚你去取一枝来。"众人都认同了这雅趣的一罚，宝玉也乐为之，答应后冒雪而去。正当大伙议论着就用"红梅花"三字作韵写诗时，宝玉已笑殷殷摘了一枝红梅进来，丫鬟忙接过插入瓶内。有了红梅花枝，众姐妹又吟起了红梅。正热烈时，贾母围了大斗蓬，坐着小竹轿而来。一进屋就笑了。"好俊梅花！你们也会乐，我来着了。"接着又依次坐下，斟了暖酒，吃上鹌鹑，说道："你们除作诗外，还可作些灯谜正月里好玩的。"众人答应了。老太太又说"这里潮湿，你们别久坐，仔细受了潮湿"方才离去。

出了东门，放眼望去四面粉妆银砌，忽见宝琴披着老太太送给她的凫靥裘站在山坡上遥等，身后一个丫鬟抱着一瓶红梅。众人都笑道："怪道少了两个人，她却在这里等着，也弄梅花去了。"贾母喜的忙笑道："你们瞧，这山坡上配上她的这个人品，又是这件衣裳，后头又是这梅花，像个什么？"众人笑道："就像老太太屋里挂的仇十洲画的《双艳图》。"贾母摇头道："那图里哪有这样好！"说话之间，宝玉和宝琴捧了一大束花枝来至跟前。宝玉向姐妹们宣布："我们才又去了栊翠庵，妙玉送你们每人一枝梅花。"

图-63 《幽静禅房》
栊翠分花

《栊翠分花》"意境单元"说明牌

栊翠分花

　　出自第五十回等，大观园中有一座幽静房舍栊翠庵，府里聘买十位小尼姑、小道姑在房舍理事。另外特请一位带发修行的姑娘来主事，法名妙玉。话说芦雪庵众人争联即景诗，最后宝玉落了第。社长李纨罚宝玉到栊翠庵折红梅。以"红梅花"三字作韵写诗。大雪天四面粉妆银砌，宝琴披着凫靥裘和宝玉捧了一大束花枝回来，向姐妹们宣布："我们才又去了栊翠庵，妙玉送你们每人一枝梅花。"

（六）《药园沉醉》的创作构思

该故事出自《红楼梦》第六十二回等。

"却喜诗人吟不倦，岂令寂寞度朝昏。"

天气渐和暖，园中花团锦簇。当下又值宝玉、宝琴、平儿和岫烟同日生日。虽然宝玉亲娘王夫人不在家，能干会事的探春和宝钗仍就想着如何操办得热闹。因春景明媚，他们想到了芍药栏。

一切办置宜当，宝钗便和宝玉说着来到沁芳桥亭边，只见袭人、香菱、待书、素云、晴雯、麝月、芳官、蕊官、藕官等十来个都在那里观鱼作耍。于是便叫上大家一同来到芍药栏中红圃三间小敞厅内。待平儿到时，只见筵开玳瑁，褥设芙蓉。众人都笑："寿星全了。"上面四坐定要让他们四人坐，四人皆不肯。薛姨妈忙知趣说老了，不合群，去了别处歇息，小辈们这才坐定。坐是坐了，宝玉却又说："雅座无趣，须要行令才好。"黛玉道："依我说，拿了笔砚将各色全都写了，拈成阄儿，咱们抓出哪个来，就是哪个。"众人道妙。作好阄，待人用箸拈出打开，竟都是些"射覆""拇战"之类的古令，直脾气的史家小姐湘云头一个叫了起来："我不行这个'射覆'，没的垂头丧气闷人，我只划拳去了。"探春拦道："惟有她乱令。宝姐姐快罚她一盅。"宝钗不容分说，便灌了湘云一杯。

这边香菱、黛玉等文绉绉地你覆他射。那边湘云、宝玉早已"三""五"乱叫，划起拳来。因湘云且胡乱绉诗，大家让她说酒底。湘云吃了酒，拣了一块鸭肉呷口，忽见碗内有半个鸭头，遂拣了出来吃脑子，众人催她"别只顾吃，到底快说了"，湘云举着箸子道："这鸭头不是那丫头，头上哪有桂花油。"众人越发开心，引得晴雯、小螺、莺儿等一干丫头都过来说："云姑娘拿我们开心取笑儿，快罚一杯才罢。怎见得我们就该擦桂花油的？倒得每人给一瓶子桂花油擦擦。"

接下来是宝玉和宝钗去了对方的名字为射覆。湘云却插嘴道："'宝玉'二字并无出处，不过是春联上或有之，史书记载并无，算不得。"正在起劲学诗的香菱说："前日我读岑嘉州五言律，现有一句说'此乡多宝玉'，怎么你倒忘了？"这可问住了，"再罚一杯"。众人哄她，湘云无语，只得饮下。这些人因上人不在，没了管束，便任意取乐，呼三喝四，喊七叫八。满厅红飞翠舞，玉动珠摇，真是十分热闹。玩了一会，忽然不见了湘云，只当她外头自便就来，谁知越等越没了影子，使人各处去找，哪里找得着？

正说着，只见一个小丫头笑嘻嘻地走来："姑娘们快瞧云姑娘去，吃醉了图凉快，在山子后头一块青板石凳上睡着了。"众人笑道："快别吵嚷。"都走来看时，果见湘云卧于山石僻处一个石凳上，业经香梦沉酣，四面芍药花飞了一身，满头脸衣襟上皆是红香散乱，手中的扇子落在地下，也半被落花埋了，一群蜂蝶闹嚷嚷地围着她，又用鲛帕包了一包芍药花瓣枕着。众人看了，又是爱，又是笑，忙上来推唤挽扶。湘云口内犹作睡语说酒令，唧唧嘟嘟说："泉香酒洌，玉盆盛来琥珀光，直饮到梅梢月上，醉扶归，却为宜会亲友。"

图-64 《醉卧芍药茵》
药园沉醉

《药园沉醉》"意境单元"说明牌

药园沉醉

  取自第六十二回"憨湘云醉眠芍药裀"。值宝玉等人生日，众人逐凑份子给他们过生日，齐聚红香圃，行酒令，对点擦拳，十分热闹。湘云吃醉了图凉快，在芍药山石后的一块青板石凳上就睡了，因而此处广植牡丹、芍药，营造繁花似锦、暖意融融、令人略感倦怠的植物场景。

（七）《香圃计草》的创作构思

该故事出自《红楼梦》第六十二回等。

"别圃移来贵比金，一丛浅淡一丛深。"

又是一日春光好，宝玉便出门仍往红香圃寻姐妹。这边小螺和香菱、芳官、蕊官、藕官、豆官等四五个人，已满园子玩了一回，大家采了些花草来兜着，坐在花草堆中玩斗草游戏。这一个说："我有观音柳。"那一个对："我有罗汉松。"那一个又说："我有君子竹。"这一个又说："我有美人蕉。"这个又道："我有星星翠。"那个又说："我有月月红。"这个又说："我有《牡丹亭》上的牡丹花。"那个又说："我有《琵琶记》里的琵琶果。"豆官便说："我有姐妹花。"众人没了，香菱便说："我有夫妻蕙。"豆官说："我从没听见有个夫妻蕙。"香菱道："一箭一花为兰，一箭数花为蕙。凡蕙有两枝，上下结花者为兄弟蕙，有并头结花者为夫妻蕙。我这枝并头的，怎么不是？"豆官没的说了，便起身笑道："依你说，若这两枝一大一小，就是老子儿子蕙了。若两枝背面开的，就是仇人蕙了。你汉子去了大半年，你想夫妻了。便扯上蕙上也有夫妻，好不害羞！"香菱听了，红了脸，忙要起身拧她，笑骂道："我把你这个烂了嘴的小蹄子！满嘴里放屁胡说了。等我起来打不死你这小蹄子！"豆官见她要站起来，怎容她起来，便忙连身将她压倒。回头笑着央告蕊官等："你们来，帮着我拧她这诌嘴。"两个人滚在草地下。众人拍手笑说："了不得了，那是一洼子水，可惜弄脏她的新裙子了。"豆官回头看了一看，果见旁边有一汪积雨，香菱的半条裙子都污湿了，自己不好意思，忙夺手跑了。众人笑个不住，怕香菱拿她们出气，也都哄笑一散。

可巧宝玉这会儿也寻了些花草来凑戏，忽见众人跑了，因问："怎么散了？"香菱说道："我有一枝夫妻蕙，他们不知道，反说我诌，因此闹起来，把我的新裙子也糟蹋了。"宝玉笑道："你有夫妻蕙，我这里倒有一枝并蒂菱。"说着还真拈出一枝并蒂菱花，又拈了那枝夫妻蕙在手内。香菱道："什么夫妻不夫妻、并蒂不并蒂，你瞧瞧这裙子。"宝玉低头一瞧，便"嗳呀"一声说："怎么就拖在泥里了？可惜这石榴红绫最不禁染。"香菱道："这是前儿琴姑娘带来的，今儿才上身。"见香菱伤心，宝玉想出了个好主意："袭人上月做了一条和这一样的，她因有孝，如今不穿，竟送了你换下来，如何？"

待袭人叫小丫头臻儿送裙来，香菱一阵推让，却也换上了。而后对宝玉说："裙子的事可别向你哥哥说才好。"憨厚的宝玉笑道："可不我疯了，往虎口里探头儿去呢。"说完各自散去。

图-65 《隔框观景》
香圃计草

《香圃计草》"意境单元"说明牌

香圃计草

　　取自第六十二回。一日春光好，宝玉出门往红香圃寻姐妹。这边小螺和香菱、芳官、蕊官、藕官、豆官等四五个人，满园子采花草，坐在花草堆中玩斗草游戏。这个道："我有星星翠。"那个说："我有月月红。"由于香菱出了一个"我有夫妻蕙"。豆官说："我从没听见有个夫妻蕙。"大家也不认可，最终闹成一团糟。可巧宝玉寻了些花草来凑戏，忽见众人跑了，因问："怎么散了？"香菱说道："我有一枝夫妻蕙，他们不知道，反说我诌，因此闹起来，把我的新裙子也糟蹋了。"宝玉笑道："你有夫妻蕙，我这里倒有一枝并蒂菱。"宝玉见香菱伤心，想出了一个主意，把袭人新做的一件裙子给她换上了。

（八）《沁芳钓台》的创作构思

该故事出自《红楼梦》第二十三回等。

"绕堤柳借三篙翠，隔岸花分一脉香。"

大观园有一处既占了"曲径通幽"，又占了平坦宽阔，既有林木石桥，又有青池小亭，这一处便是宝玉所题的"沁芳"之地。

宝玉自贾贵妃特允搬进大观园后，更放松了学业，每日里和姐妹们琴棋书画，甚是逍遥。可日子一久，又生了烦闷，百般的不是。弄的小厮茗烟只好将外面书坊里的古今传奇一类的书买与他看。谁知宝玉一看就爱不释手，视如珍宝，竟还把文雅些的带进了园子。一日早饭后，宝玉携了一套《会真记》，走到沁芳闸桥边桃花底下一块石头上坐了细看。正值三月桃花盛开，只见一阵风过，桃花落得满身满书满地皆是，宝玉欲斗落下来，又怕脚步把花瓣践踏了，只得用衣襟兜了那些花瓣，来到池边，抖在池水内，随水漂去。

再回到原处只见地上还有了许多，正不知如何是好，忽闻背后有人说："你在这里作什么？"宝玉一回头，却是黛玉，肩上担着花锄，锄上挂着花囊，手内拿花帚。宝玉笑道："好，好，来把这些花扫起来，撂在那水里去。"黛玉道："撂在水里不好，你看这里的水干净，只要流出去，有人家的地方脏的臭的混倒，仍旧把花糟蹋了。那边犄角上我有一个花冢，如今把它扫了，装在这绢袋里，拿土埋了，日久随土化了，岂不干净。"

宝玉听了喜不自禁，放下书来帮黛玉一道收拾。黛玉问道："什么书？"宝玉见问，慌得藏之不迭，便说道："不过是《中庸》《大学》。"黛玉笑道："你又在我跟前装神弄鬼，趁早给我瞧瞧。"见黛玉定要索来看。宝玉道："好妹妹，若论你，我是不怕的。你看了，好歹别去告诉人，真真这是好书，你要看了，连饭也不想吃呢。"黛玉放下花具接书来瞧，从头看去，越看越爱，不到一顿饭工夫，便将前面十六出俱已看完，自觉词藻警人，余香满口，虽看完了书，却只管出神，心内还默默记诵。

"妹妹，你说好不好？""果然有趣。"宝玉笑道："我就是个'多愁多病身'，你就是那'倾国倾城貌'。"黛玉听了，不觉带腮连耳通红，柳眉倒竖，微腮带怒，薄面含嗔道："你这该死的胡说，从哪里学了这些淫词艳曲的混账话来欺负我，我告诉舅舅、舅母去。"说着眼睛圈儿红了，转身就走。宝玉着了急，向前拦住道："好妹妹，千万饶我这一遭，原是我说错了，若有心欺负你，明儿我掉在池子里，叫个癞头鼋吞了去，变个大王八，等你明儿做了'一品夫人'病老归西的时候，我到你坟上驮一辈子的碑去。"说得黛玉"嗤"的一声笑了，一面揉着眼睛，一面笑道："看你吓成这样，还只管胡说。'呸，原来是苗而不秀，是个银样镴枪头'！"宝玉听了笑道："你说的是什么呢？我也告你去。"林黛玉反唇相讥："你说你会过目成诵，难道我就不能一目十行么？"宝玉一面收书，一面笑道："正经快把花埋了吧，别提那个了。"二人就这样一边说笑一边收拾着落花，正才掩埋妥帖，袭人来找宝玉回去有事，宝玉同袭人回房。

林黛玉见宝玉回去了，独自正欲回房，刚走到梨香院墙角外，只听见墙内，笛韵悠扬，歌声婉转，原来是十二个女孩演习戏文呢，侧耳听唱："只为你如花美眷，似水流年……"

图-66 《共享西厢》
沁芳钓台

《沁芳钓台》"意境单元"说明牌

沁芳钓台

　　取自第二十三回"西厢记妙词通戏语"。正值三月，宝玉坐在沁芳闸桥边桃花底下的一块石上，细阅《会真记》，正看到"落红成阵"，一阵风过，桃花瓣落得满身满书满地皆是。黛玉路过见宝玉手中的书，逐取来细看，越看越爱，体现了"知音者芳心志同"的悠远境界。以小桥、流水、钓矶，营造出超然物外的生活情趣。

（九）《香丘残红》的创作构思

该故事出自《红楼梦》第二十六、二十七回等。

"花谢花飞花满天，红消香断有谁怜。"

宝玉病了。黛玉心中惦记的不行，这一日晚饭也没心思吃，就往宝玉住的怡红院去。远远地看见宝钗也朝那边去了，便在沁芳闸桥上呆看了一阵各色水禽在池中浴水，再往怡红院叩门时，不料屋里几个丫头正拌嘴生气，冲着门外说："凭你是谁、二爷吩咐的，一概不许放人进来呢！"林黛玉听了，不觉气怔在门外，待要高声和丫头理论，自己又回思一番：自己到底是客居，如今父母双亡，一面想着，一面又滚下泪珠来，正是回去不是，站着不是，正没主意。忽听院门响处，袭人、宝玉一群人送了宝钗出来，闪在暗处的黛玉，只好淌着泪回了潇湘馆。

至次日正是芒种节，按照风俗，要祭花神，替花神送行。园子里请了人舞鹤助兴，众姐妹更是热闹非凡。黛玉一夜无眠，脸上有些倦怠，怕人笑话，急忙梳洗了出来，见到处是欢声笑语，又自觉有些格格不入，就悄悄躲开了。

宝玉在园中转了几处，没看见黛玉，便四处去寻。过树穿花，低头见许多风仙石榴等花瓣落了满地，想定是黛玉又生了气，也不来收拾这些落花了，便自己用衣服兜了起来，直奔那日与黛玉葬花之地。

还未转过山坡，只听见山坡那边有呜咽之声，仔细一看，竟是林妹妹，不禁又呆住了。只听她哭道："花谢花飞花满天，红消香断有谁怜？……一年三百六十日，风刀剑霜严相逼，明媚鲜妍能几时，一朝漂泊难寻觅。花开易见落难寻，阶前闷杀葬花人。……天尽头，何处有香丘？未若锦囊收艳骨，一抔净土掩风流。质本洁来还洁去，强于污淖陷渠沟。……侬今葬花人笑痴，他年葬侬知是谁？试看春残花渐落，便是红颜老死时。一朝春尽红颜老，花落人亡两不知！"贾宝玉初听几句，不由得点头感叹，等到吟出最后几句，竟不觉痴倒山坡之上，怀里兜的落花也撒了一地。试想林妹妹的花颜月貌，将来亦有无可寻觅之时，推而想到园中姐妹和自己，岂不也会如残红一样"花落人亡两不知"么！如此想来，倒不如此时就离了这喧嚣的尘世，去寻一片净土。

那林黛玉独自伤感，忽听山坡上也传来悲声，心理疑惑："人人都笑我有些痴病，难道还有一个痴子不成？"想着抬头一看，原来是那个狠心的冤家，便长叹一声，自己抽身便走。

图-67 《盛开时节》
香丘残红

《香丘残红》"意境单元"说明牌

香丘残红

引子第二十七回"埋香冢黛玉泣残红"。黛玉在怡红院吃了"闭门羹",回到潇湘馆抱膝含泪坐到二更多。次日是芒种,黛玉一人来到与宝玉共同葬花的花冢前,边葬花,边哭泣,边唱出那首幽怨凄离的葬花辞。梅花、桃花、樱花、李花遍植坡上,创造出"花谢花飞飞满天"的落花景象。

（十）《海棠吟社》的创作构思

该故事出自《红楼梦》第三十七回等。

"偷来梨蕊三分白，借得梅花一缕魂。"

结诗社吟海棠，正是贾府因了贾元春得宠，贾政又点了学差之鼎盛时期。这一日，探春遣了丫鬟翠墨送了一幅花笺给宝玉，说是偶起了个兴诗社的念头。宝玉不觉喜道："倒是三妹妹高雅，我如今就去商议。"于是大家又都聚在了一起。李纨进门笑道："雅得很！要起诗社，我自荐掌坛。"黛玉道："既然定要起诗社，咱们都是诗翁了，先把姐妹叔嫂的字样改了才不俗。"李纨道："极是，大家起个别号，彼此称呼则雅，我是定了'稻香老农'，再无人占的。"不一会儿，又封宝钗为"蘅芜君"，探春择了个"蕉下客"，众人给黛玉取号"潇湘妃子"，宝钗给迎春起为"菱洲"，惜春为"藕榭"，唯有宝玉的别号最多，什么"怡红公子""绛洞花主"，还有什么"富贵闲人"和"无事忙"，样样与之相配。

李纨最后道："就是这样好，但序齿我大，你们都要依我的主意，管叫说了大家合意，我作社长，请'菱洲''藕榭'二位学究为副社长，从今儿起立社定约。我那里地方大作社址。"

当下约定日程，一月两次，风雨无阻，因是探春起的头，探春先作第一个东道主人，先开一社。恰好贾芸送来两盆白海棠，便决定以此花为题，副社长菱洲限韵，藕榭监场。迎春又让一个倚门小丫头随口道了个"门"字为字韵，然后又在韵匣里取了"盆""魂""痕""昏"四个字来，备下笔墨，燃起线香，限时成诗，违者重罚。但见各自苦思冥想，或在回廊上踱步，或蹲在假山上涂抹，独黛玉或抚桐或看秋色，或又和丫鬟们说笑。当线香只剩一寸时，李纨嚷道："我们要看诗了。"众人看完，一致认为，潇湘妃子的那首为上，最后社长品评道："若论风流别致，自是这首，若论含蓄深厚，终让蘅稿，怡红公子是压尾，你服不服？"憨宝玉哪有不服的。

李纨道："从此后初二、二十六这两日开社，你们高兴每日都开我不管，这两日必往我那里去。"宝玉道："到底要起个诗社名才是。"探春道："可巧是海棠诗开端，就叫海棠诗社罢。"大家又商议了一回定下后，方各自散去。

图-68 《梅雪争春》

此作品获 2024 年 CHRYSALIS 国际摄影巡回展，知识碗赛区 APAS 金牌奖。

《七律·梅雪争春》

海棠吟社雪初晴，半边亭畔梅蕊明。粉墙黛瓦映冰镜，曲廊假山绕清泓。红梅斗雪争春色，铁骨凌寒吐芳馨。金陵诗社今何在，唯有梅雪共峥嵘。

赏析： 这首诗描绘了《梅雪争春》摄影作品中"海棠吟社"的景象，通过半边亭、红梅、清波等元素的细腻刻画，展现了早春时节梅雪争艳的美丽景色。诗中"红梅斗雪争春色"等句，既表达了梅花的坚韧与高洁，又烘托出春天的生机与活力，使读者仿佛置身其中，感受到那份超脱尘世的美好与宁静。

《海棠吟社》"意境单元"说明牌

海棠吟社

出自第三十七回"秋爽斋偶结海棠社"。探春雅兴大发，写信给宝玉提议结社作诗，恰好贾芸孝敬宝玉两盆珍贵的白海棠，他们便借此成立"海棠吟社"。院内广植海棠，以花容姿态印证诗中意境，以江南小院的园林布局营造结社场景。

（十一）《梨园雏缨》的创作构思

该故事出自《红楼梦》第十八回等。

"良辰美景奈何天，赏心乐事谁家院。"

贾贵妃省亲元宵节，园子工程虽竣工，可仍有许多繁杂之事需尽快办着，其中有件重要的事，就是特意从苏州采买了十二个唱曲的女孩子，聘了教师，置了行头彩衣装，紧锣密鼓地演练曲目，管理他们的是贾宝玉的侄子辈贾蔷。

十二个女孩个个俊巧出众，玲珑秀美，且因学了戏，又个个多情活泼，惹人喜欢。元宵节的酒宴准备齐全了，贾蔷带领十二个女孩在楼下等，一太监跑来要戏目。贾蔷急忙呈上。少时，贾贵妃的随从太监点了四出戏：第一出《豪宴》，第二出《乞巧》，第三出《仙缘》，第四出《离魂》。实际上这四出戏的意境正潜伏着贾府的兴盛衰败。戏台上，一个个歌有裂石之音，舞有天魔之态。虽是妆演的形容，却作尽了悲欢情状。刚演完，一太监执一金盘糕点进来问："谁是龄官？"贾蔷便知是赐赏，喜的忙接了，命龄官叩头，太监又道："贵妃有谕，说龄官极好，再作两出戏。"贾蔷忙应了，命龄官作《游园》和《惊梦》二出。谁知龄官认为这二出非本角戏，执意不作，定要演《相约》《相骂》二出，贾蔷扭不过她，只得依她作了。贾贵妃甚喜，命："不可难为了这女孩子，好生练习。"额外赏了宫缎、金银锞子、食物等。

大观园的梨香院，住的就是那十二伶官。自此，园里便歌声笛声婉转悠扬不断，惹得常常独自闷闷不乐的林黛玉，心神如痴，联想蹁跹。就说是那回吧，与宝哥哥读了《西厢记》，葬了花，正准备回房去，偏又听得梨香院墙角传出戏文："原来这姹紫嫣红开遍，似这般都付与断开颓垣"，黛玉细细体味，不觉得两行泪珠又悄然滚落下来。

要说贾府里，最好听戏的，当然是老太太贾母。贾母既有封建家长之威，爱摆个排场，讲究礼仪，又有老人之慈，喜欢热闹，宽厚好施，对唱曲的优伶一曲唱毕，总是忙叫人备礼送吃的，比起王夫人、凤姐一般人要真诚得多。正因为有了老太太这样的家长，贾府里是逢事就请吃唱戏，不论是什么节气，谁过生日。

然而，有道是"天下没有不散的筵席""一荣俱荣，一毁俱毁"，贾府的悲欢离合、兴盛衰亡印证了事物发展的必然规律。

图-69 《玲珑秀美》
梨园雏缨

《梨园雏缨》"意境单元"说明牌

梨园雏缨

出自《红楼梦》第十八回等。大观园内梨香院，有十二个天真活泼、纯真可爱的伶官。她们是姑苏人，在贾府演戏，所唱的《牡丹亭》中的"惊梦"、《西厢记》中的"听琴""惠明下书"等优美唱词，配上萧珏、笛管，悠扬清脆。此处遍植梨花，营造梨花春雨的动人场景。

三、『红楼艺文苑』的创作构思
在『意境单元』中的运用

　　"红楼艺文苑"占地 7 万多平方米，是一座写意山水园林。它以《红楼梦》为蓝本，选取其精彩章回作为园中 11 个"意境单元"。当你走进"红楼艺文苑"时，扑面而来的是一种似曾相识的古典园林建筑和种植理念，又包含着新的内容。园内的建筑不是苏州园林中亭、台、楼、阁面面具全，而是一带粉垣、几楹修舍、半个院落、几个景门、数扇漏窗、部分厅堂这种有而不全的建筑形式。这里的建筑，不追求大而整和小而全，而是一种象征，一种意境，似是非是，似有非有。每一组建筑都与该"意境单元"的造景意境息息相关，而不单纯是为了园林建筑而建。

　　又如在植物造景处理上，梅兰竹菊、岁寒三友、海棠芙蓉、修竹芭蕉、草坪绿地、曲径通幽的造园手法在该园中的运用比比皆是，使人有景观错落有致、步移景换之感，显得小中见大，精致典雅。通过匠心独具、新颖别致的创作构思与设计，紧紧围绕《红楼梦》中相关主题，精致运用各种江南园林元素，来展现《红楼梦》中精彩章回的意境，营造其艺术氛围，揭示其文化内涵。

（一）《太虚幻境》的创作构思在意境单元中的运用

　　《太虚幻境》意境单元是"红楼艺文苑"的序景，处理手法是：设置一座古典园林式的大牌坊为大门，门前广场右侧立有一块"红楼艺文苑"建造说明碑；牌坊设置在水池中间，进入牌坊的广场左侧，设置了一块"通灵宝玉"椭圆形置石，正、反面刻有"通灵宝玉"和"满纸荒唐言，一把辛酸泪！都云作者痴，谁解其中味"的诗一首。置石旁边是一座喷泉池。喷泉对面是一座警幻仙子手托《金陵十二钗正册》的汉白玉雕塑。

　　《太虚幻境》意境单元主要是通过水的设计，来体现仙境虚无缥缈、亦幻似真的意境。建造时采用无数的细小喷泉千梭万线般的织成氤氲、烟云弥漫、缭绕漂浮，烘托出匾额"太虚幻境"对联"假作真时真亦假，无为有处有还无"，高大的牌坊、通灵宝玉、警幻仙子都位于仙境之中的意境。

　　在植物造景处理上，采用竹林、桂花、玉兰、鸡爪槭、罗汉松、南天竹、吉祥草等植物，着力打造一个人间仙境的氛围，使人身在其中有缥缈幽然之感，犹如亲临仙境一般。

图-70 《太虚幻境》
全景图

《七律·白雪皑皑》

通灵宝玉太虚门，白雪皑皑掩石痕。十二金钗泉畔立，几行诗句石中存。
红楼一梦情难尽，紫阁千秋事有论。谁解荒唐言内味，辛酸泪落化诗魂。

赏析： 这首诗以《白雪皑皑》摄影作品为背景，巧妙融入"太虚幻境"元素。诗中"通灵宝玉""十二金钗"等意象，与摄影作品中的实景相互呼应，营造出梦幻与现实的交织感。尾联点出"荒唐言内味"与"辛酸泪"，深刻表达了《红楼梦》中人物的复杂情感与人生哲理。

图-71 《白雪皑皑》
此作品获 2024 年金狮摄影杯国际摄影巡回赛 digiRAP 赛区 APAS 金牌。

图-72 《心醉神迷》
秋季的"太虚幻境"配植的鸡爪槭色彩迷人，令人心醉神迷。

（二）《芙蓉仙界》的创作构思在意境单元中的运用

《芙蓉仙界》意境单元的处理手法是：堆砌了一座全园最高的山，山上建有一座四角亭，一条小溪从亭前流向山脚下的河中，河中有岛，岛上建有一座微型袖珍亭，水里种有荷花、睡莲、菖蒲等。满山种有木芙蓉和杜鹃，水边植有垂柳、碧桃、锦带花等植物。为使山在有限的空间中显得高大和突显山顶亭的观景需要，堆砌了大量的黄石，采用了园林中常用手法土包石，使方寸之间，山体高耸，石壁挺拔，层叠连绵。一条青石小路穿亭而过，绕山林过小溪蜿蜒地伸向园中。

图-73 《芙蓉仙界》
全景图

图-74 《耸立》

"芙蓉亭"耸立于全园的最高处，此山用黄石采用土包石的手法堆砌而成。亭前是座水源池，园外的水引入水源池后，通过黄石堆砌的小溪，源源不断地流入山下全园最大的水体中。

"芙蓉仙界"意境单元的意境是：通过满山种植木芙蓉，水中植有荷花、睡莲，来暗喻敏感聪慧的林黛玉和孤傲不羁的晴雯，像木芙蓉和水芙蓉般娇柔妩媚，身处污浊中却又出淤泥而不染，冰清玉洁。沿青石小路登上峰顶的山顶亭，举目四顾，满园景致尽收眼底。近处"太虚幻境"烟雾缭绕，犹如仙境。夏季山脚下水体中的水芙蓉粉荷垂露，盈盈欲滴，嫩蕊摇黄，皎皎无瑕。山上山下秋季展瓣的木芙蓉，婀娜多姿。再远看那满园景色历历在目，各"意境单元"隐隐，假山上泉水沥沥，还有那花石相间、竹木并茂、植物荟萃，到处是郁郁葱葱，绚丽多彩。那令人心醉神迷的景观，清新爽目，妙不可言，尽显满园环境的雅致，就像是一幅最富魅力的江南山水画。

游人置身此意境单元，黛玉和晴雯的形象至情至真，至纯至美，红艳千般，芳香凝远。人们在仰慕和怜爱之时，思古悠情油然而生。

图-75 《袖珍亭》
置身"芙蓉仙界"中可览视湖
心岛上的"袖珍亭""沁芳钓
台""梨园雏缨"等景观,并
与其互为对景。

(三)《潇湘竹韵》的创作构思在意境单元中的运用

《潇湘竹韵》意境单元的处理手法是:采用了一带粉墙,数扇漏窗,一座门廊,一个景门,半座
院落,再加上部分题对和一座雕塑,就呈现出了一座林黛玉居住的"潇湘馆"。这样的处理即简洁又
精巧,还没有那深宅大院的铺张,意境上又恰到好处。这少量的建筑,使人感受到林黛玉居住环境的
静谧。

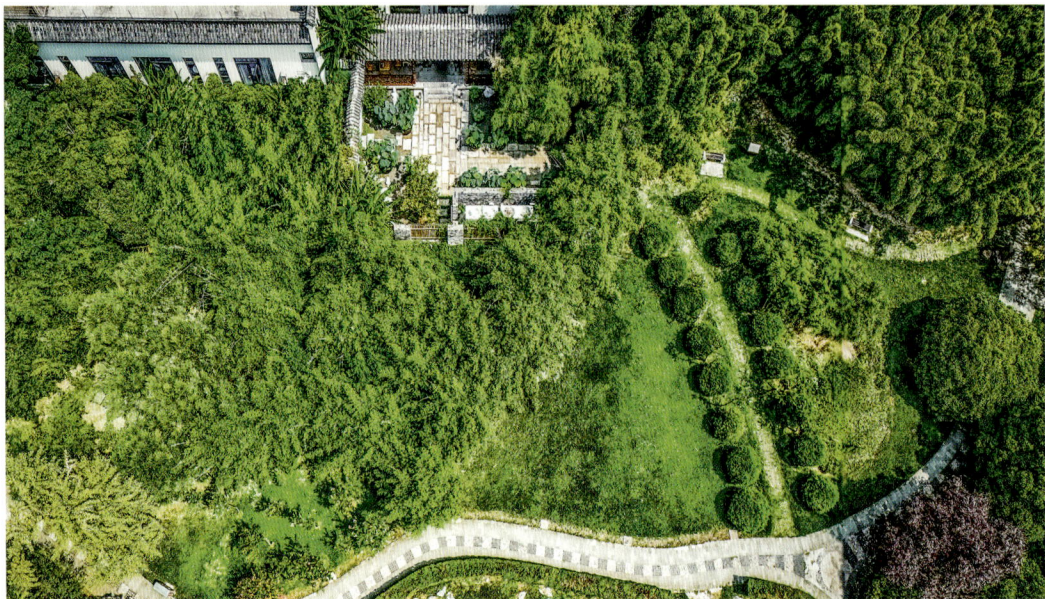

图-76 《潇湘竹韵》
全景图

图-77 《静谧》

"潇湘馆"建在茂密的竹林之中，简洁、精巧、隐秘，建筑虽少，却给人以静谧之感。

在植物造景的处理上，为了突出"潇湘竹韵"的意境和以植物造景设计的目的，本意境单元以种植竹子为主，有潇湘竹，暗喻"潇湘妃子"；有琴丝竹，暗喻"黛玉弹琴"；有斑苦竹，暗喻"黛玉孤苦伶仃"；有凤尾竹，暗喻"黛玉绝代佳丽"；有大量的刚竹，暗喻"黛玉孤高自许、目下无尘"的独特气质。另外，还有黄金间碧玉竹、菲白竹、孝顺竹、紫竹、大明竹、人面竹、方竹等十几种竹子，营造那翠竹掩映、竹影摇晴、环境雅致的世界，再配以少量的其他植物，使人浮想联翩，回味无穷。身临其中，你仿佛就到了真正的"潇湘馆"。特别是当你看见那尊妙玉听琴的汉白玉雕塑时，仿佛能听见那畅抒心音、倾诉衷肠、柔肠百结、婉转跌宕、沉吟低婉的琴声。怎能不让人激动，不让人情不自禁，不让人思绪万千呢?

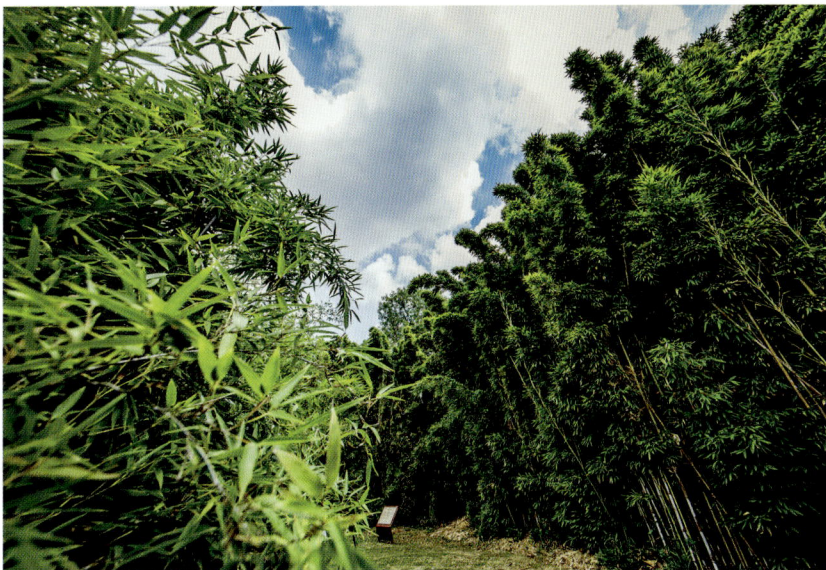

图-78 《竹影婆娑》

"潇湘竹韵"广植茂密的竹子，营造那翠竹掩映、竹影婆娑、环境雅致的世界。

（四）《芦雪联吟》的创作构思在意境单元中的运用

《芦雪联吟》意境单元的处理手法是：一座茅草亭盖在临水的河滩上，意为"芦雪庵"，一带两间，里面设有烤火炉，一座仿竹桥横跨小河之上，再加一座院门，周围用木槿竹篱编制围墙分隔空间。

在植物造景的处理上，为了突出《芦雪联吟》的意境，周围种植了一些黑松、丛生竹、梅花、木槿、茶花、桂圆木，最多的是那茅草亭周围铺天盖地的大片芦苇、芦荻和茅草。

图-79 《芦雪联吟》
全景图

图-80 《银装素裹》

"芦雪联吟"中"芦雪庵"是茅檐土壁、茅草庵；芦荻瑟瑟，临水上；仿竹桥旁，芦苇花；"银装素裹"，意深远。

以上布景其意境是：青松翠竹、梅笛芦萧、茅草庵；茅檐土壁、槿篱竹牖、芦荻瑟瑟；临水之上，推窗即可垂钓；四周满是芦苇等掩映，一条小径逶迤穿芦度苇而过，特别是到了冬季，那芦花、芦荻花、茅草花开的像雪一般随风摇曳，如遇上搓绵扯絮的下雪天，会让人联想《红楼梦》中宝玉和姊妹们下雪天，在"芦雪庵"摆酒、烤鹿肉、边吃边吟诗的情形。

（五）《栊翠分花》的创作构思在意境单元中的运用

《栊翠分花》意境单元的处理手法是：用了一扇院门，一座照壁（正面刻有佛字，反面刻有福字），前院一个月形门，一个瓶形门，中院几扇漏窗，三组太湖石小品，一个耳门，再加一座小巧玲珑的栊翠庵；后院半边亭附墙而建，院中一座宝琴身披凫靥裘，手抱一瓶红梅的汉白玉雕塑立在梅树旁。这里建筑粉墙黛瓦，精巧典雅，小巧玲珑，用不多的建筑营造了一座妙玉修心养性的栊翠庵，清幽雅致。

图-81 《栊翠分花》
全景图

图-82 《佛门》
　　"栊翠分花"进门见佛，神秘幽邃，是妙玉清雅脱俗之所。

在植物造景的处理上，为了突出《栊翠分花》的意境，以松、柏、梅花种植为主，松柏象征栊翠庵的古朴幽静；梅花和雕塑营造了《红楼梦》书中的摘花、分花、作诗的场景；再配植罗汉松、银杏、芭蕉、常春藤等植物，把一个有限的范围营造成了一个四大皆空、清雅脱俗的无限空间。

院内的佛教文化氛围的设计给人一种神秘幽邃的感觉，能遐想那妙玉身处栊翠庵的清净之感，还能体验弥漫浓郁的神佛气氛。使人感受深刻的是，那宝琴采花、分花的天真烂漫，似乎把人真正带到作诗吟梅的氛围之中。

（六）《药园沉醉》的创作构思在意境单元中的运用

《药园沉醉》意境单元的处理手法是：用太湖石高低错落地堆砌了一个微型山丘和数个种植池与种植栏，池和栏内植有数十个品种的牡丹花和芍药花。一芍药栏里，洁白的汉白玉雕塑史湘云醉卧其中，周围是翠柏、青松环抱，还有桂花、石楠、红枫、女贞、络石、常春藤、金钟花、迎春花、栀子花、木绣球等植物点缀其中。

图-83 《药园沉醉》
全景图

《药园沉醉》的布置，呈现的是《红楼梦》中描述的天气渐和暖，园中花团锦簇。宝玉、宝琴、平儿和岫烟同日过生日。姊妹们在沁芳亭边、芍药栏中的红圃厅内喝酒吟诗陪他们过生日的场面。由于史湘云胡乱绉诗，被大家罚酒，数次被罚之后，不胜酒力的史家小姐湘云，跑到山子后头一块青石板凳上睡着了。她那一副香梦沉酣，四面芍药花飞了一身，满头脸衣襟上皆是红香散乱，手中扇子落地被花埋一半的憨样。此情此景，似真似幻，入梦如醒，真有那"却喜诗人吟不倦，只恐石凉花睡去"之感。

图-84 《舒畅》

"药园沉醉"用太湖石堆砌花池，池中广种芍药和牡丹，史湘云舒畅地沉睡其中。（多重曝光作品，器材：佳能 EOS 5D Mark3，多重曝光模式：加法、曝光次数：2 次。第一次曝光：光圈：f/4.5，快门：1/250 sec，曝光补偿：0 档、ISO-100，焦距：100.0 mm，镜头：70~200 mm；第二次曝光：光圈：f/8，快门：1/2500 sec，曝光补偿：-8/3 档、ISO-100，焦距：24.0 mm，镜头：11~24 mm）

（七）《香圃计草》的创作构思在意境单元中的运用

《香圃计草》意境单元的处理手法是：一座小院多半都是粉墙黛瓦、漏窗景门，院中道路曲折迂回，照壁回廊相间、景门景窗各异、水上曲桥引道、院中有院以及花圃、草地。院中放有上百盆桩、盆景，花圃中种有时令花卉，草地上植有观赏性草本植物和地被。

图-85 《香圃计草》
全景图

图-86 《视角》
"香圃计草"中景门景窗繁多，形状各异，同一景窗，视角不同景致不同。

图-87 《画中人》

"香圃计草"中，景窗后面的画中人，被框于诗画的意境之中。

图-88 《虚实之美》

"红楼艺文苑"西南门至西中门的爬山廊，属于梁柱框景在园中的运用，此廊尽显中国古建筑的虚实之美。

图-89 《赏梅》

"香圃计草"粉墙漏窗旁的游人，着装和打扮好似《红楼梦》中的佳人在此赏梅一般。

　　进了"香圃计草"意境单元的院门，迎面是数株丈余高的椰榆桩景，映在白色的照壁前，龙枝盘虬，集川派的洒脱飘逸与苏派的层次分明于一身。据说它已有几百年的光景。院中五针松、罗汉松、雀梅等树花盆景，以及太湖石、钟乳石、灵璧石等组成的山石盆景，千姿百态。有的小中见大，如千里峡江风光尽收一盆之中；有的以静见动，几枝弯曲的枝条，让你感到朔风袭人；有的有那"采菊东篱下"的逸趣，还有的具有"大雪压松、松更直"的阳刚之美。

　　这些盆景，尽显大江南北、长城内外的风流。几十盆桩梅古、老、疏、瘦等形状各异，颇有"疏影横斜水轻浅"的诗意。

图-90　《隔柱观景》
由"蓼风轩"中向内隔柱观景，框景中的曲廊、粉墙、景窗、景门及垂柳等，呈现一幅美丽的画卷。

　　"香圃计草"意境单元院中这些千姿百态、形状各异的桩景、盆景，有的还构成幽谷、深坳、奇洼、异壑。而这些谷、坳、洼、壑，有的像走廊，有的如圆盆，有的宽衍似平地等。这些盆景有的置于漏窗前，有的放在水池边，有的架在几架上，有的植在花圃中，还有的散落在草地上，加上满院的奇花异草，色彩斑斓，真有"别圃移来贵比金，一丛浅淡一丛深"的意境。

图-91 《盆景》

图-92 《盆景》

图-93 《盆景》

图-94 《盆景》

图-95 《孤植木》
"香圃计草"中，孤植木枫杨浓荫如伞，树下的曲桥、景门、景窗在其庇护之中。

　　《红楼梦》描绘的红香圃中，香菱与姊妹们坐在草地上，玩斗草游戏。游人在这座院子里也许会产生共鸣。

（八）《沁芳钓台》的创作构思在意境单元中的运用

　　《沁芳钓台》意境单元的处理手法是：堆石为垣，芭蕉衬石；一座青石闸桥亭，桥旁垂柳成荫；一潭清澈的池水，池边落羽杉成片；池中有一沁芳钓台，台中铭石一块；另有曲桥一座，一条弯曲的溪水穿桥而过；宝玉和黛玉读《西厢记》的雕塑一座，大片的碧桃缠绕周围；整个"意境单元"还植有银杏、落羽杉、西府海棠、芭蕉、白玉兰、火棘、紫薇、木槿花篱、十大功劳等植物，还有一片原花圃的大五针松林。

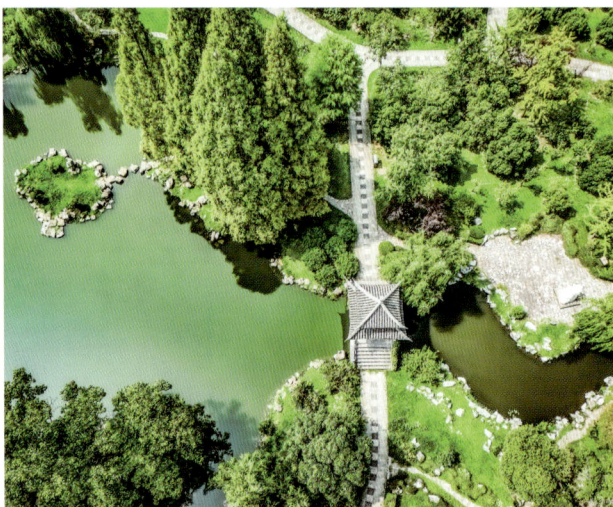

图-96 《沁芳钓台》
全景图

《沁芳钓台》这些场景的布置体现的是：大观园中一个曲径通幽的深处，平坦宽阔，既有林木小桥，又有青池小亭。这里有沁芳闸桥边的碧桃树，也有那溪边的绿柳；这里有竹篱花障的月洞门，也有那曲径通幽的林木石桥；这里有湖心岛上的袖珍亭，也有那岛旁的沁芳钓台与铭石；还有那碧桃树下宝玉和黛玉读《西厢记》的汉白玉雕塑。这就是《红楼梦》中所描述的"沁芳"之地，也是宝玉和黛玉读《西厢记》时扫桃花瓣的地方。这里风光秀丽，景色清幽，是一处优雅幽静的读书地。桃花盛开时风过花落，满地缤纷，旁边溪水潺潺，正映了那："绕堤柳借三篙翠，隔岸花分一脉香"的意境，让人回味无穷。

图-97 《蜿蜒曲折》
"沁芳"闸桥亭下流淌的小溪，蜿蜒曲折，连通全园的水体。

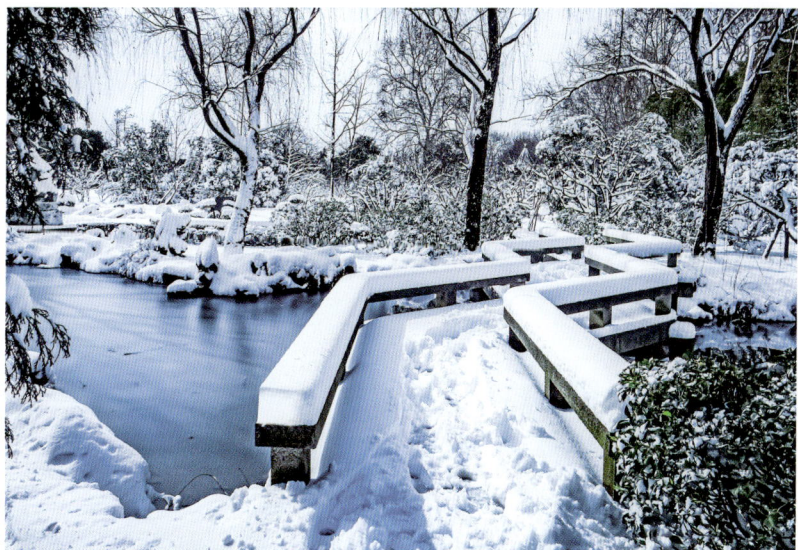

图-98 《曲径通幽》
跨越小溪的曲桥把"沁芳钓台"与"药园沉醉"连通。

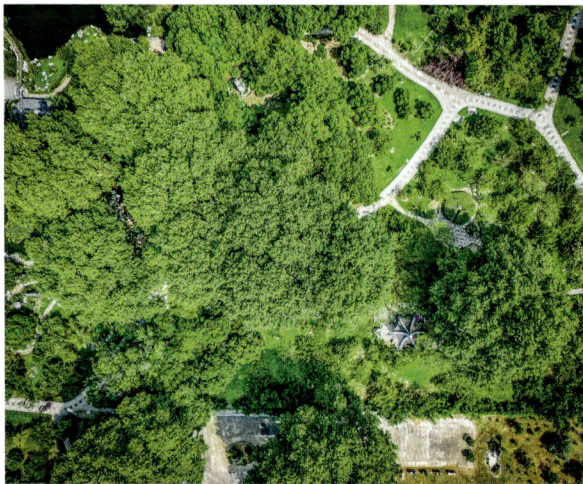

图-99 《香丘残红》
全景图

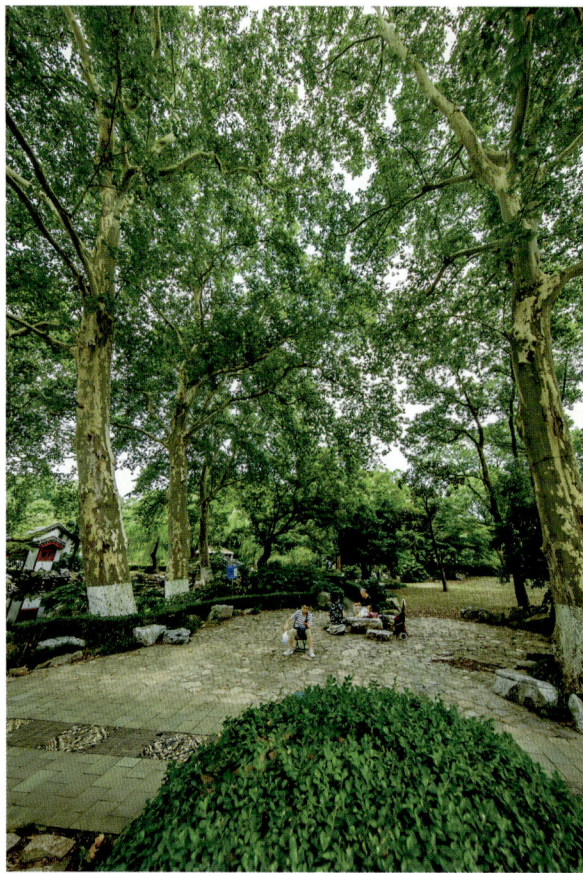

图-100 《林荫之地》
"香丘残红"丛植的悬铃木林下，石桌石凳旁，游人尽情享受
这处林荫之地。

（九）《香丘残红》的创作构思在意境单元中的运用

《香丘残红》意境单元的处理手法是：一座山岗，岗顶上建有一座六角亭；岗下有葬花冢，冢旁立了一座刻有葬花诗的青石碑；碑旁一座拿着花锄，锄边放着花篮，面对花冢而立的林黛玉汉白玉葬花雕塑；一条蜿蜒曲折的小路，直通坡顶的香丘亭，小路的尽头立有一块椭圆形的"香丘"刻字石；坡上坡下雕塑周围，广植梅花、樱花、碧桃、石榴、凤仙花等繁花植物。其意境是"残红零落，风过一片，孤坟化成花冢"，体现黛玉的惜春和对美好事物留恋的情怀。坡西有一片高大茂密的悬铃木林，林下石桌石凳掩隐在浓荫之下。

《香丘残红》布置的含意是：整个意境单元皆用梅花、樱花、桃花等繁花植物来营造落英缤纷的气氛；春风吹拂，姹紫嫣红，春花盛开的时节，树绿花红；那像雪一样的梅花，那灿灿桃花，还有那像蝴蝶一样的樱花，均为林黛玉葬花而种植。那葬花冢边青石碑上刻有葬花诗："花谢花飞花满天，红消香断有谁怜……天尽头，何处有香丘？……质本洁来还洁去，强于污淖陷渠沟。……侬今葬花人笑痴，他年葬侬知是谁？试看春残花渐落，便是红颜老死时。一朝春尽红颜老，花落人亡两不知！"当你驻足林黛玉汉白玉葬花雕像傍，看看葬花冢边青石碑上的葬花诗，再看那遍地缤纷的落花时，感叹"落花有意"人生无常，惜春、惆怅、忧伤往

图-101 《葬花女》

"香丘残红"中葬花女林黛玉吟唱着葬花歌:"一朝春尽红颜老,花落人亡两不知。"（多重曝光作品,器材:佳能 EOS 5D Mark3,多重曝光模式:加法、曝光次数:2 次。第一次曝光:光圈:f/5.6,快门:1/30 sec,曝光补偿:0 档、ISO-100,焦距:200.0 mm,镜头:70-200 mm;第二次曝光:光圈:f/5.6,快门:1/640 sec,曝光补偿:-2/3 档、ISO-100,焦距:12.0 mm,镜头:11-24 mm）

往由然而生。你会从心灵深处感悟到,林黛玉那花容月貌,对残花的缠绵和同情,那婀娜多姿的身影,对贾宝玉的痴情,会像电影一样在你的脑海闪现。

（十）《海棠吟社》的创作构思在意境单元中的运用

《海棠吟社》意境单元的处理手法是:采用了江南园林惯用的手法,建有厅、堂、曲廊、碑廊、亭台、池水、假山等,是全园中建筑体量最大的、最能反映江南建筑特色的一组建筑。它用四组大小不同的庭院分割成几个意境各异的空间,唯一的一座厅堂式建筑"秋爽斋"为大观园的姐妹们吟诗结社的地方,取名"海棠吟社",呈现探春第一次在这里开海棠诗社的地方。整组建筑幽静雅致,飞檐翘角,结构轻巧,造型简洁,互衬和谐,体现了清代建筑风格。配有楹联、字画,还配有"金陵十二钗"碑刻画廊,更显"红楼"文化的底蕴浓厚,把"红楼艺文苑"的建园意境推向了高潮。

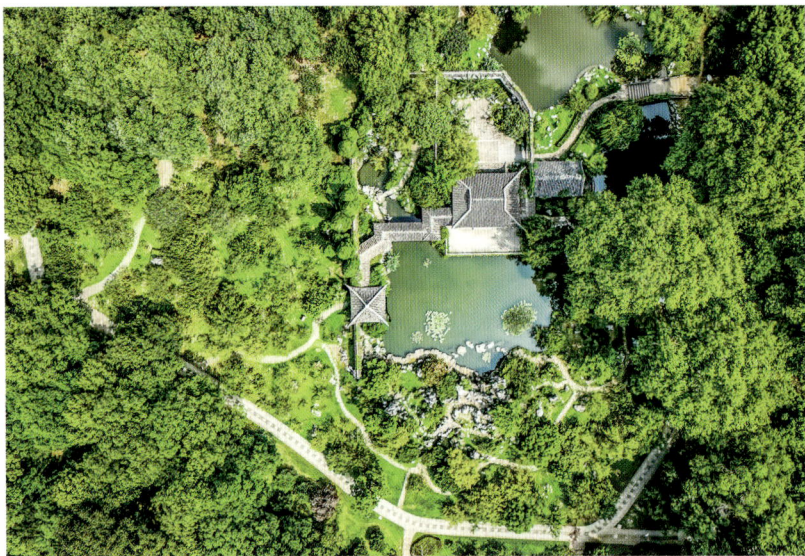

图-102 《海棠吟社》
全景图

《七律·春雪》

春雪初晴映红楼，海棠吟社景清幽。粉墙黛瓦亭孤立，冰湖半冻影自流。
曲廊秋爽斋相连，钩心斗角映波柔。梅花含苞待春放，银装素裹梦魂游。

赏析： 这首诗以《春雪》摄影作品为背景，通过描绘"粉墙黛瓦亭孤立，冰湖半冻影自流"等景象，展现了画中的静谧与美丽。诗句"梅花含苞待春放，银装素裹梦魂游"巧妙地描写了春雪气息，表达了对作品《春雪》所呈现的银装素裹世界的赞美与向往。

图-103 《春雪》
此作品获 2021 年泰国知识碗国际摄影沙龙巡回赛 Photovivo 金牌。

图-104 《精美绝伦》

"海棠吟社"里的半边亭、曲廊、秋爽斋、池水、假山以及周边的植物配植，精美绝伦，尽显其吟诗作画的意境。

《海棠吟社》中建筑雅致，造型简洁，庭院串联，曲廊迂回，碑廊意深，假山叠翠，海棠含苞，平台临水，清波萦绕，"红楼"文化的底蕴浓郁。为了突出《海棠吟社》的意境，以海棠类植物为主，种有贴梗海棠、西府海棠、垂丝海棠、紫海棠、木瓜海棠、湖北海棠等，还配植有鸡爪槭、南天竹、倒槐、含笑、文母、芭蕉等植物。

《海棠吟社》中庭院串联、曲廊迂回、线刻画廊意深、太湖石假山叠翠、海棠五彩斑斓、厅堂平台临水，还有那假山上泉水垂帘、山洞幽深、树荫闭日，再加上一泓清波萦绕着"秋爽斋"汩汩流淌，这些元素的运用把这个意境单元营造成了一幅小巧秀雅、精美绝伦的立体画卷，真是一处作画吟诗的绝妙场所，让你感受到那金陵十二钗吟诗的氛围。

（十一）《梨园雏缨》的创作构思在意境单元中的运用

《梨园雏缨》意境单元的处理手法是：一座临水而建的水榭兼舞台，水榭北面临水正对《芙蓉仙界》的山岗，水榭东侧，立有12块与水体驳岸相交融、形态各异的独立黄石，意为12个天真活泼、纯真可爱的伶官。水榭东南角立有《梨园雏缨》的刻字园石一块，水榭南面是舞台，面对的大草坪是观众席，草坪周围植有大片梨树、柿树、君千子、枣树、无花果、石楠、郁李、火棘、南天竹等植物。

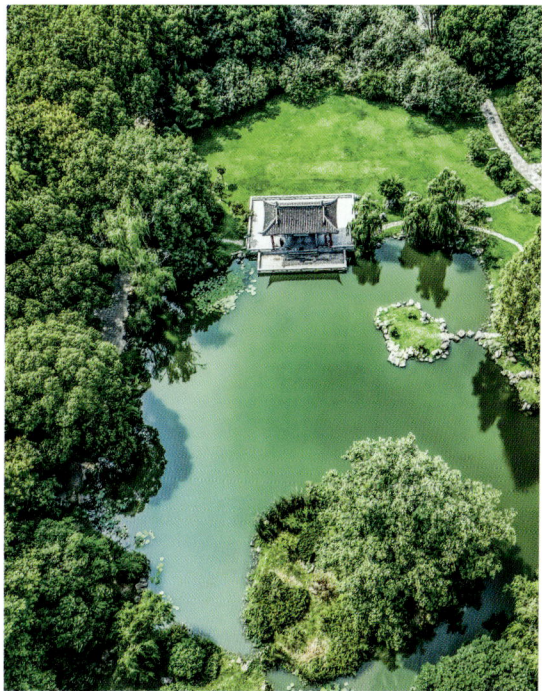

图-105 《梨园雏缨》
全景图

《梨园雏缨》"意境单元"主要是通过种植梨树和其他果树、水榭、舞台的设置，来营造其意境。12块独立黄石象征着12个俊俏出众、玲珑秀美、多情活泼、惹人喜爱的唱戏女孩，大观园梨香院中的那12个伶官。舞台是她们排练曲目、唱戏演出的地方。大片的梨树和其他果树，喻这里为梨园之地，并且果实累累。当风和日丽时，湖面反射《芙蓉仙界》的姿影婆娑；当风静天爽时，水榭倒映在绿水之中；水体中晴霞明荷，水体边烟雨暗柳，舞台上落花笛怨。若你痴坐在碧绿如毯的草坪上，幻想正观看那12个天真烂漫女孩的演出，你会渐渐变得空灵，纤尘不染，你会感觉这就是你灵魂和肉体合一的地方。

图-106 《玉树银花》
"梨园雏缨"的冰天雪地，玉树银花，视野开阔，美轮美奂。

图-107 《舞台》
"梨园雏缨"的水榭兼舞台，风静天爽时，台前绿草如茵，水体中晴霞明荷，水体边烟雨暗柳，舞台上落花笛怨。

四、中国传统造园艺术在『意境单元』中的运用

（一）内向与外向

内向与外向作为互相对立的两种倾向不单体现在古典园林的布局形式和一般建筑的空间组合之中，也体现在人们的行为心理乃至整个民族的传统习惯和性格特征之中。中国古典建筑中内向与外向的主要特征是：所有的建筑均背朝外而面向内院，从而形成一个内院为中心的格局形式。这和西方以建筑为中心的外向布局形式成鲜明对照。

图-108 《云龙惠顾》

中国古典园林中，"海棠吟社"属于传统习惯和性格特征的内向型布局，环境清幽雅致，精美绝伦。

园林建筑的布局形式灵活多样，为适应不同的规模、地形、环境需要，考虑到景观和观景要求，采用内向、外向、部分内向、部分外向，或内向外向兼有的布局形式比比皆是。

图-109 《晶莹剔透》
"香丘残红""芦雪联吟"为外向布局，"海棠吟社"为内向布局，虽然布局不一样，但三者的空间相互渗透并互为对景。

"海棠吟社"与"梳翠分花"都是采取内向布局形式，其特点是：建筑物、回廊、半边亭等沿院的周边布局，院落之中有水面，前者为一大片水池，水池中设有通往假山的水中汀步；后者为一个小放生池和一条贯通全园的溪流；两个意境单元的建筑均背朝外而面向内，并由此形成一个较大集中的庭园空间。这种布局的好处是在极为有限的空间内布置较多的建筑，且不致造成局促、拥塞的局面，还能兼顾景观与观景的要求。

图-110 《静谧之地》
站在"秋爽斋"对面的太湖石大假山顶，可俯视"海棠吟社"景区的内向布局，假山南面是"香圃计草"，东面是"香丘残红"，其周围景观尽收眼底。

"红楼艺文苑"中的"意境单元"为避免呆板、单调、除利用建筑布局上的变化外，还尽量借助于地形调整，水源水系调整，植物种植等增强其意境。叠山，用黄石为材料采用石包土的方法堆山、水中用黄石围岛筑台等，来营造地形上的缺陷，用太湖石堆砌假山、点石铺路等，增添景观上的不足；引水，把园外的水（紫金山山沟中的水）引入园中，把园中的水的体量和数量扩大，再用溪流串联起来，增强其向心和内聚感；培花，用太湖石堆砌种植池，更换土壤，种植那些不适应当地生长的植物，"药园沉醉"中的牡丹与芍药的种植就采用此方法；植木，也是该园中最为突出的重点和亮点，各个"意境单元"除了对应意境的植物以外，还根据景观的需求，从立体、布局、色彩、四季景观、体量大小上来进行考虑，例如新园子建设景观差，为了达到立竿见影的效果，我们保留了原来花圃中所有大树，有五针松、线柏、悬铃木、马褂木、枫香等；还从外面进行移植，整个"红楼艺文苑"从外移植的大树有：香樟、栾树、合欢、青桐、枫杨、银杏、落羽杉、槭树、垂柳、倒槐树等，就梅花树来讲，就从景区中移植了大树近百株。所有移植和种植的植物都力求满足"意境单元"的意境需求，并具有宛自天开的自然情趣。

（二）看与被看

观景与景观，仅仅因为顺序的颠倒赋予的含义却截然不同：观景具有从某一点向别处看的意思；景观则是指作为对象而从各个方面来观赏，简而言之就是看与被看。在中国传统的园林中，绝大多数风景点包括建筑、山石在内，都必须同时兼顾到这两方面的需求。

就以对景来讲，在中国传统园林中，视觉的基本内容要考虑看与被看这两方面的要求。"对"与被"对"这两种要素之间却常常是以偶然的形式出现的。"红楼艺文苑"中有三个景点："芙蓉仙界"、"沁芳钓台"、"梨园雏缨"，这三者除视觉上有联系外，其他找不出任何关系。从"梨园雏缨"的位置来讲，它位于前两个景点的东南方，其建筑造型也十分有趣，虽说是水榭却担负着戏台功能，南面的戏台正面开朗，有容纳上千看客的大草坪；北面的水面清澈平坦视野开阔，水体北面的山顶有"芙蓉仙界"的芙蓉亭；水体西面有"沁芳钓台"、湖心岛上的"袖珍亭"以及沁芳闸桥亭；这些景观都处于对与被对和看与被看之中。

园林建筑都应满足看与被看这两方面要求，对不同的建筑特点，而可能有所侧重。有的以"观景"为主，有的则以"点景"为主，前者是满足看的要求，后者是满足被看的要求，而"沁芳钓台"中的"闸桥亭"景观功能则大于观景功能。

图-111 《荷塘夜色》

此处位于"沁芳钓台""芙蓉仙界""梨园雏缨"三者之间的观景，均为处于对与被对、看与被看之中。（多重曝光作品，器材：佳能 EOS 5D Mark3，多重曝光模式：加法、曝光次数：2 次。第一次曝光：光圈：f/5.6，快门：1/200 sec，曝光补偿：0 档、ISO-200，焦距：349.0 mm，镜头：100-400 mm；第二次曝光：光圈：f/8.0，快门：1/125 sec，曝光补偿：-1/3 档、ISO-100，焦距：11.0 mm，镜头：11-24 mm）

《七绝·荷塘月色》——荷塘月色映红楼，沁芳钓台忆梦游。柳借三篱翠色绕，花分一脉暗香流。

赏析： 这首作品以《荷塘月色》摄影作品为背景，巧妙融入《红楼梦》中"沁芳"之地的意境。"荷塘月色映红楼"一句，既描绘了现实中的美景，又勾连起文学经典中的情境。诗句"柳借三篱翠色绕，花分一脉暗香流"进一步细腻地描绘那优雅幽静的读书胜地，使人仿佛置身其中，回味无穷。

"沁芳钓台"湖心岛上的"袖珍亭"与上述的看与被看不一样，它点缀在湖心岛上，位置十分巧妙，可看不可及。初看起来可有可无，正是这样巧合的布置，才成为了上述三个"意境单元"共同的观赏目标，也成为人们视线内捕捉到的第一对象，成功地起到了景观的"点景"作用。

图-112 《焦点》
袖珍亭点缀在湖心岛上，位置十分巧妙，可看不可及，是"梨园雏缨""沁芳钓台"和"芙蓉仙界"共同的观赏目标，属于被看的"焦点"。

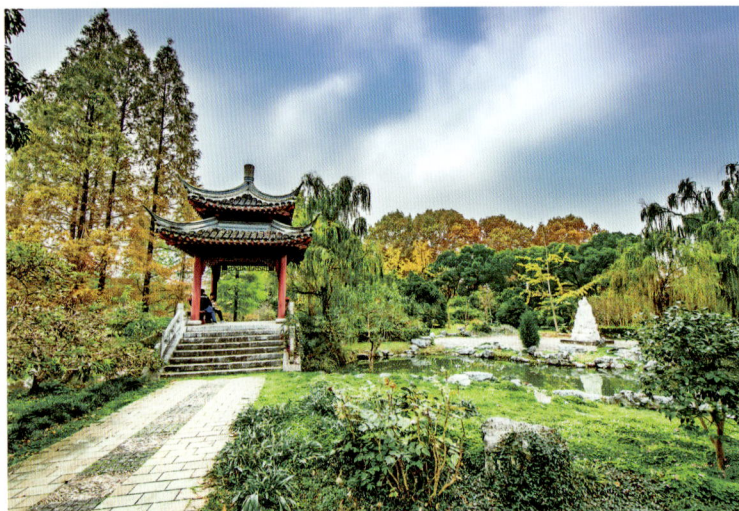

图-113 《暮秋》
从"药园沉醉"中观赏"沁芳"闸桥亭，其亭属于景观建筑和被看景点。

图-114 《梅雪之间》
从"香丘残红"的梅雪之间看"沁芳"闸桥亭，其景观感受不同，两者都处于看与被看之间，其亭景观价值优于观景价值。

站在"沁芳"闸桥亭之中，可看到"芙蓉仙界""梨园雏缨""香丘残红""药园沉醉""潇湘竹韵"等几个意境单元，可以最大限度地从四周摄取景物。它本身具备优美的体形和轮廓，是全园中的一个重要景观点，不可避免地具备被看要求，其景观价值优于观景价值，这个建筑凝聚着造园者们精湛的艺术构想。

图-115 《四方景》
身处"沁芳"闸桥亭中观景，东、南、西、北四方景致各异，此亭属于看与被看的重要景点之一，其景观价值胜过观景价值。

图-116 《幽静》

"沁芳钓台"中的"沁芳"闸桥亭与"梨园雏缨"互为对景，为对与被对和看与被看的重要景点，此亭的景观价值高于观景价值。

（三）主从与重点

园林中建筑与山水的布局，和山水画的位置经营相似的，都讲究主景与配景之分，以突出重点且主次分明。凡是有若干个空间组成的园，为突出主题，必选其中一个空间或面积大于其他空间或面积，或位置突出，或景观内容特别丰富，或布局上呈现向心作用，使其成为全园独一无二的重点景区。园内的主要厅堂建筑一般设在此区，起着画龙点睛的作用。

"海棠吟社"的空间组成和景观比其他意境单元充实丰富，是全园景观的高潮区，具有中国传统园林特色的多种建筑，以厅堂"秋爽斋"为主，配以楹联匾额，再由四个大小不一的庭院串联在一起，其中曲廊迂回，东面与厅堂"秋爽斋"相接，西面与半边亭相连，碑刻廊中的金陵十二钗线刻画，文化意味深长，加上全园中最大的太湖石假山，这些清幽雅致的建筑，环绕着院中的一泓清水，院内院外以海棠为主其他花木为辅，花木葱茏，景观层次与内容丰富多彩，是全园中独一无二的重点景观区。

图-117 《清幽雅致》

"海棠吟社"中清幽雅致的庭院，环绕院落的一泓清波，层峦耸翠、小中见大的假山；静谧的各种植物配植，精美绝伦。此意境单元为全园的重点景观区。

图-118 《心旷神怡》

"海棠吟社"与"芦雪联吟""香丘残红"的建筑内容对比，前者建筑较多，景观内容丰富；后者建筑较少，主从与重点分明。

图-119 《洞景》
"香圃计草"里从云墙"聚叶门"中看到的"蓼风轩"，它是园内的重点建筑之一。

（四）空间与对比

中国传统的古典园林设计，以空间对比的手法运用得最普遍，形式最多样，也最富有成效。将差异明显的两个空间毗邻地安排在一起，借两者的对比作用来突出各自的特点。如使大、小悬殊的两个空间连接，当由小空间进入大空间时，由于空间的对比、衬托，将会使大空间有更大的感觉。造园时为了求得小中见大，多以欲扬先抑的方法来组织空间序列，即在进入园内主要景区—空间之前，有意识地安排若干小空间，便可借两者的对比而突出园内的主要景区。

"红楼艺文苑"中"芦雪联吟"与"海棠吟社"两个空间毗邻，前者小到只有一座临水架空的茅草连体双亭，也称芦雪亭，意为"芦雪庵"，以及周围种植的一些芦苇、芦荻、茅草等植物。而后者则是先抑后扬，从两者相连的曲径进入后者的北单元门，进门后先要经过三个较狭小的空间，才能进入该园的重点厅堂"秋爽斋"。当您进入"秋爽斋"南面的邻水平台或半边亭中时，顿时豁然开朗。这种通过前后两个"意境单元"先小后大的空间对比、衬托，来显后者核心空间的空旷。两个大小悬殊、差异强烈的空间放在一起，更能凸显"海棠吟社"这个主要景区的静谧雅致，也能进一步区分与突出两个意境单元各自的特点。

图-120 《大与小》

"海棠吟社"与"芦雪联吟"的空间大与小对比悬殊，前者大后者小，景观效果差异明显，通过对比突出两者空间各自的特点。

（五）藏与露

一切艺术作品最终都是要诉诸表现的，其表现有两种倾向：一种是率直的、无保留的和盘托出，另一种是含蓄、隐晦的，使其引而不发，显而不露。

传统的造园艺术往往认为露则浅而藏则深，为忌浅露而求意境之深邃，则常常采用欲显则隐或欲露而藏的手法，把某些精彩的景观或藏于偏僻幽深之处，或隐于山石、树梢之间。

例如："海棠吟社"从西侧海棠林中的小路走入西门，只能看到一扇平淡无奇的景门，但您踏入景门后立于半边亭中，眼前的景象则耳目一新，半藏半露的半边亭、含蓄深远的曲廊、清幽雅致的"秋爽斋"、点睛的楹联与牌匾、意境深远的线刻画碑廊、山石嶙峋的假山、清澈的池水、苍天蔽日的悬铃木、琳琅满目的花草植物等，其眼前所有景观一览无余，使您有目不暇接之感。

图-121 《银色世界》

"海棠吟社"属于典型的先藏后露景区，无论是站在半边亭内还是太湖石大假山旁环视其景观，都会使人有目不暇接之感。

图-122 《红与白》

"芦雪联吟"中利用植物的网络透视作用，把"芦雪庵"隐于密林树梢之间，尽显神秘，藏与露的效果达到了极致。

例如："潇湘竹韵"意境单元中的"潇湘馆"，您若不走进跟前，很难看见其真容，因为它隐于茂密的竹林之中，环境非常静谧，四周是形态各异、色彩不一、品种不同的竹林。当您沿着竹林间的小路进入院落时才发现，这里竟然隐藏着一座静谧的林黛玉居所。中国传统园林不论规模大小，都极力避免开门见山、一览无余，总是千方百计地把"景"部分地遮藏起来，使其若隐若现。

所谓"藏"，就是遮挡。一是正面遮挡，这为一般建筑所忌讳，但园林建筑不很在意。第二种较常见，一般多为穿山石的峡谷、沟壑或树林花木去看某一对象。由于藏厅堂于花木深处，园虽小，但景和意却异常深远。

例如："药园沉醉"意境单元就采用了"藏"的手法。它的南面有一片茂密的线柏林，以及点植的青松等；东西面有绿篱、木绣球、桂花、石楠、鸡爪槭等；北面有采用太湖石包土的方法堆成的一座小山丘，山丘之下是用太湖石堆砌的几个种植池，池内有史湘云醉眠芍药茵的雕塑。"药园沉醉"景区就隐藏在山丘的山坳之中，这种用植物和地形作遮挡，藏于茂密的植物和山坳之中的手法，使人有一种不入其内、难得真容的感觉，这就是"藏"呈现的意境。

图-123 《若有若无》
"潇湘竹韵"中的"潇湘馆"，寂静无声，被隐于茂密的竹林之中，在进入过程中，有忽隐忽现、若有若无之感，环境静谧。

图-124 《醉卧之地》
"药园沉醉"南面用茂密的线柏作遮挡、北面用山丘作遮挡、在茂密的树林、绿篱、山坳、花池之中隐藏着醉卧芍药裀的史湘云。

（六）引导与暗示

藏，不是压根儿不让人看到，而是不让人一览无余；藏是为了更好地露。否则，藏之过深而不为人所知，便失掉了藏的意义。露的本身便带有暗示的作用。在中国传统园林中，凡借欲露而先藏、欲显而先隐的手法以求含蓄、深沉的效果，必相应地采取措施加以引导与暗示，使人能够循着一定的方向与途径发现景之所在。

"香丘残红"用石碑刻字做引导，用太湖石与卵石铺建通幽的曲径做暗示，把游人引入景观之中。

图-125 《通幽》
"香丘残红"中采用太湖石与卵石铺建通幽的曲径做引导与暗示，其曲径尽头的美景引人入胜。

图-126 《梨园》

"梨园雏缨"在舞台
前种植一片梨树为景
区做暗示，梨树象征
着"梨园"的弟子们，
其含义独特而深远。

　　"梨园雏缨"意境单元中在路口用刻有"梨园雏缨"的石碑做引导，在
戏台前种植一片梨树林，象征着大观园中的"梨园"弟子们，即12个伶官，
梨树为景区做暗示。

　　在"红楼艺文苑"中引导与暗示的手法有：建设各种材质的小路，或青砖
小路、汀步、少数用石碑、拱桥、仿竹桥、曲桥、亭桥等做引导，都取得了不
错的效果。例如："潇湘竹韵"在路口设置了一块点题的引路石碑，石碑上刻
有"潇湘竹韵"做引导，还铺设青砖小路，用凤尾竹夹道做暗示等，都起到了
引导与暗示以及欲露而先藏的作用。

图-127 《引路碑》

"潇湘竹韵"在竹林边潇
湘馆前用石碑做引路牌。

　　在"潇湘竹韵"意境单元中还用青砖铺设道路，在道路两边丛植凤尾竹夹道做引导与暗示，使人们能够循着青砖路的方向发现景之所在。

图-128 《茂竹夹道》
"潇湘竹韵"意境单元中用青砖铺路、凤尾竹夹道做导引与暗示。

"药园沉醉"中用花岗岩曲桥做引导，植物遮挡做暗示，曲桥使"沁芳钓台"与"药园沉醉"相连通。

　　园中的"栊翠分花"中用仿竹桥做引导，用青松和红梅做暗示；"沁芳钓台"中用闸桥亭做引导，用桃花与柳树做暗示；"药园沉醉"中用曲桥做引导，用密植线柏林做暗示；"海棠吟社"中用拱桥、汀步曲径做引导，用多品种海棠做暗示等。这些引导与暗示把游人带入景观区，有效地发挥了暗示另一个空间存在的作用。把欲露而先藏、欲显而先隐的手法运用于每个意境单元之中，达到了含蓄、深沉、意深的效果。

　　园中的小路含蓄深邃，忌直而求曲，忌宽而求窄，以引起人们对曲径通幽的兴趣。所有跨越溪流、水面的桥与汀步，可把人由此岸引导至彼岸，具有某种暗示作用。以植物造景为主、建筑小品为辅是建设本园的宗旨，所以用植物做引导和暗示，让游人来到另一个空间是本园的最大特色。

图-129 《曲桥》
"沁芳钓台"通向"药园沉醉"的花岗岩曲桥做引导，意为曲径通幽。

图-130 《冰天雪地》
通往"芦雪联吟"和"栊翠分花"的仿竹桥起引导作用，引导游人跨越溪流到达彼岸的景区。

（七）疏与密

园林的总体布局遵循疏密相间的原则，主要表现在建筑物的布局以及山石、水面和花木的配置等四个方面，其中尤以建筑布局体现得最明显。"红楼艺文苑"主要以植物造景为主、建筑为辅，植物的种植与疏密配置为本园特色，疏与密的程度根据各意境单元的需求而定。全园的建筑不多，但也是按疏密有致的原则进行规划设计和建设的，在各意境单元中起点题作用。总而言之，无论是植物的配植还是建筑的点缀，均遵循疏密相间的原则进行，通过疏密的对比和变化形成某种韵律和节奏感。

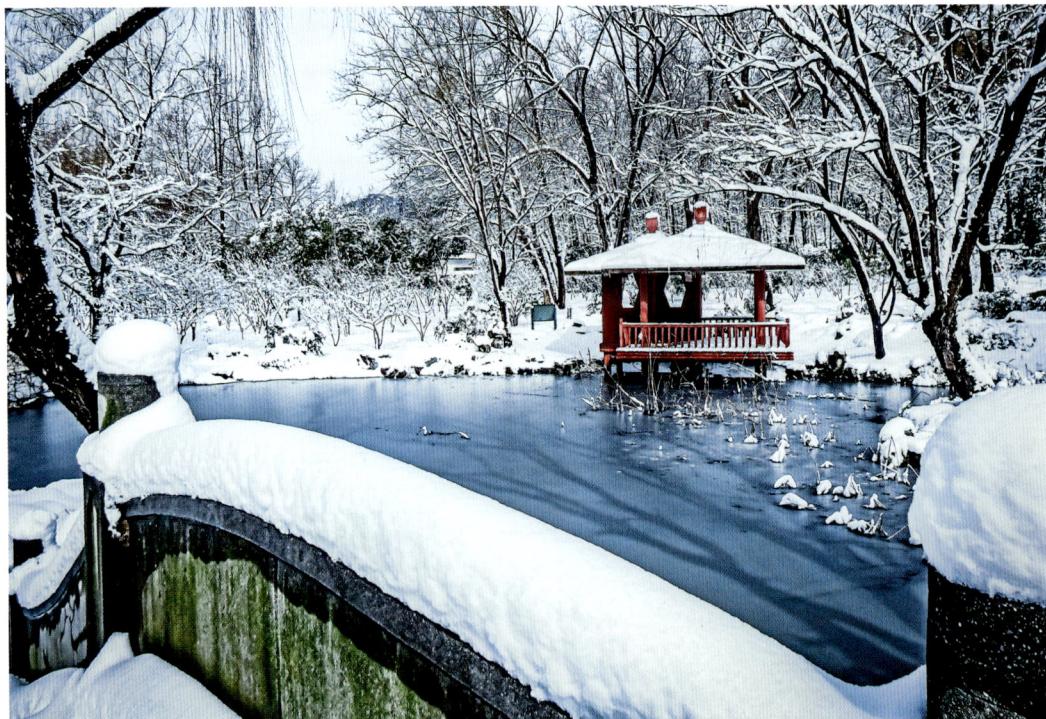

图-131 《孤伶》
"芦雪联吟"中只有一座孤零零的建筑"芦雪庵"，与密集的"海棠吟社"中的建筑相比，前者疏，后者密，这是遵循疏密相间的原则而建。

例如："香丘残红"处在全园的中心位置。它的植物配植体量最高、数量最多，还配植了一定数量的常绿树种香樟、女贞等来增加景观效果。此意境单元采用密植的手法，其植物的体量与梅花品种也为全园之最，目的是盛花期达到繁花似锦的效果。"香丘残红"中梅花品种近百种之多，如樱花、碧桃花、石榴、凤仙花等疏密相间配置。还采用了微地形的处理，把原来平坦的地形改造成了起伏有致的地形地貌，并在最高处建"香丘亭"，低处立林黛玉葬花的雕塑和葬花冢，使这片区域的景观配置平面布局按照疏密有致的原则进行布控，竖向布局按照抑扬顿挫、高低错落的原则进行配植，使该意境单元具有了音乐一般的节奏感。

图-132 《繁花似锦》

"香丘残红"中疏密相间的种植，尤其是大量的繁花植物，盛开季节，繁花似锦，为黛玉葬花的意境提供了一个绝佳的场所。

　　本园除了"香丘残红"中密植繁花植物外，还有"潇湘竹韵"中的竹林密植、"海棠吟社"中的海棠密植、"芙蓉仙界"中的木芙蓉密植。

图-133 《婀娜簇拥》

"潇湘竹韵"中婀娜簇拥的竹林，把深幽静寂的潇湘馆藏于其中。

图-134 《疏植》
"梨园雏缨"中疏植的梨树象征着梨园弟子，舞台前的大草坪为观众席。

"梨园雏缨"与"香丘残红"毗邻，前者是园中植物种植较少的一个意境单元，水榭兼戏台的建筑在临水边；北面是园中最大的水体，西面和南面是一大片草坪，用一条次干道与"香丘残红"分隔，大草坪南面只种植了数株梨树和部分秋果植物，东面有绿篱与国际会议中心大酒店分隔，这也是全园植物种植较疏的意境单元。相邻的"香丘残红"则是园中植物种植数量和体量最密和最高的意境单元。

疏植的意境单元还有"药园沉醉"，其南面有线柏作隔离，东西面用绿篱分隔，北面用石包土的山丘作遮挡，山坳的种植池里只见芍药和牡丹。为避免季节性的景观缺失，种植池内还植有红花酢酱草，疏植的植物点植在山头和种植池边，鸡爪槭、红枫、黑松、紫叶李、绣球花等散落其中，这样的疏植使芍药和牡丹大放异彩。

疏密对比反映在用水方面，"红楼艺文苑"中水的布局是：西南面比较密，有四个大小不同的水面，东面与中部较疏，只有一个最大的水体和一条贯穿全园的溪流，比较疏。

园中建筑集中繁多时，游人步移景异，应接不暇，节奏变化快，情绪易兴奋和紧张；建筑稀少分散时，空间显空旷和少变化，游人心情自然恬静和松弛。这两种环境都不可少，两种设计是相辅相成的。只有密集而无稀疏，人们便张而不弛；反之，只有稀疏而无密集，人们便弛而不张。一个好的布局应使两者结合，人们便能够随着疏密的改变而相应地产生弛和张的节奏感。

图-135 《雪压青松》
"沁芳钓台"中西侧有一片密植五针松林，还有几株点植和丛植的香樟林。

图-136 《溪流》
"栊翠分花"中南面有条贯穿全园的溪流，属于较疏的水体之一。

"红楼艺文苑"中建筑密度较大的区域在西南面，有"海棠吟社"和"香圃计草"，大部分意境单元的建筑都属于稀疏区域。从"红楼艺文苑"建筑的总体布局来讲，东部和中部以南建筑较稀疏，西南部建筑较密集，这样的布局让游人的心情有从稀疏到密集、再从密集到稀疏的张弛感。

"红楼艺文苑"中山石设置也本着疏密对比的原则。"海棠吟社"中的太湖石大假山，采用了密集用石的手法，把密集的山石造成千岩万壑和咫尺山林的气氛；而"芙蓉仙界""药园沉醉""香丘残红"采用的是稀疏、散落的点缀法；与前者对比，后者只作为主景的点缀和陪衬。前者山石陡峭，山路蜿蜒，山洞流水，蜿蜒流泻，山峰起伏，体态庞大，青松挺拔，紫藤缠绕，突显宏伟之势。不同的用石手法，给游人产生的感受完全不一样。

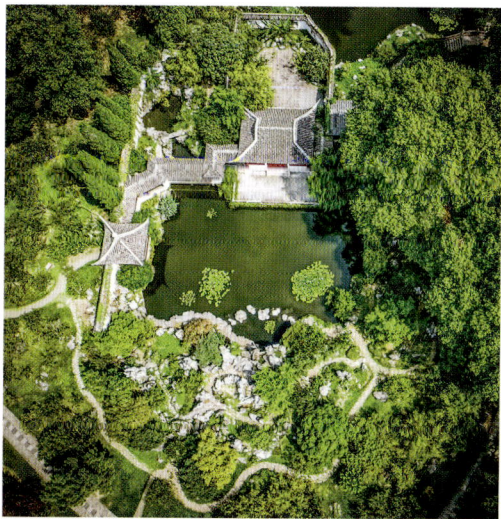

▎图-137 《繁多》
建筑集中繁多的"海棠吟社"。

▎图-138 《密集》
建筑布局密集的"香圃计草"。

▎图-139 《密植林》
"海棠吟社"与"香圃计草"两景区中间，用一片密植林相隔，使两个景区空间既自成一体，又遥相呼应。

（八）起伏与层次

充分利用建筑的疏密相间、起伏与层次能产生韵律感与节奏感，利用地形和植物的起伏和变化，也能制造出层次丰富的韵律与节奏感，起伏是借高低错落的外轮廓线来表现的。

本园中的地形原为花圃用地，比较平坦。遵循中国传统园林"低方宜挖、高阜可培"的原则，把原花圃地中灌溉用的三个小水塘进行扩建和改造，又另外增添了两个水体和一条溪流，由原来的三个小水体，增至一个大水体和四个小水体。溪流把园中的几个水体串联起来。用挖出来的土在东北角堆成了一座全园最高的山，并在最高点建造了"芙蓉亭"；其余的土进行地形改造，形成数个大小不等、高低彼伏的山坳与丘陵。这些山坳与丘陵打破了原平坦地形的格局，改变了园子的起伏与层次，增强了园子的韵律与节奏感。

经过地形改造后，"梨园雉缨""芙蓉仙界""沁芳钓台"三景区水岸线以及林冠线极富变化，都具有韵律感与节奏感。"香丘亭"建在一个地形改造后的山岗上，此山岗还把景观不佳的原中山陵老旧的玻璃花房给遮挡住了。"药园沉醉"建在石包土的山坳中，用错落有致的手法布置种植池。"海棠吟社"与"香圃计草"之间用开挖水体的土堆出一个山丘，在此种植了一条由枫香树为主，乌桕、五针松、鸡爪槭、梅花等为辅的林木隔离带，这样的处理不仅可阻隔游人的视线，产生隐秘感，还达到了分隔景观空间的目的。这些设计使原平坦的花圃地变得既有起伏、有层次又高低错落有致。

图-140 《此起彼伏》
"芙蓉仙界"中地形改造后与种植的植物此起彼伏，呈现特有韵律与节奏感。

图-141 《韵律》

"梨园雏缨""芙蓉仙界""沁芳钓台"三个景区地形改造后的水岸线、林冠线极富变化，高低起伏有层次，富有韵律感与节奏感。

图-142 《登顶》
"香丘残红"中的人造地形、点石以及植物彼此起伏，层次感强。

图-143 《层次分明》
"芙蓉仙界"与"沁芳钓台"之间的地形改造、植物配植，既有起伏又有层次，产生的韵律感与节奏感让人心醉。

图-144 《起伏有致》
"药园沉醉"牡丹、芍药花开时节，从史湘云雕塑旁远望，沁芳闸桥亭、"梨园雏缨"的水榭及植物的轮廓线错落有致。

（九）虚与实

虚与实是一对既抽象又概括的范畴，涉及的范围很广，大凡诗词、文学、绘画、雕塑等领域，都会遇到虚实关系的处理。造园艺术也常谈："大中见小，小中见大，虚中有实，实中有虚，或藏或露，或浅或深，都在迂回曲折四字之中。"这种手法与疏与密、藏与露、浅与深相互关联。

所谓虚为空，实为实在。疏与密中含有虚与实的特点。形象组织得疏一些就显得空，形象组织的密一些就显得实；藏与露也是这样，藏得深而使人感到恍惚迷离就是虚的一种表现，坦露在外的东西则给人以实的感觉；虚是借实的对比而存在的，没有实就显不出虚，所以虚又是从实中派生出来的。

在"红楼艺文苑"中，虚与实的表现有许多：例如"芙蓉仙界"中的山为实，山体从上往下流淌的水，以及山体脚下水塘里的水则为虚，山环水抱，意味着虚实两种要素的萦绕与结合。山体突出的部分如峰、峦、点石为实，而凹进的部分如水源池、跌水渠、流水溪则为虚。"芙蓉亭"也包含有虚和实两个方面：虚是指空间，实指的是形体。而实有赖于空间的曲折成和变化，而空间又是借实的形体所形成的。还有前面讲的藏与露、疏与密，也都包含有虚与实。

图-145 《佛》

"枕翠分花"中，佛字与庭院的照壁之间即为虚与实在现实生活中的两个表现形式，呈现实中有虚、虚中有实。

图-146 《晶莹如玉》

"芙蓉仙界"中由"芙蓉亭"、山体、缀石、水源、跌水渠即溪流等构成，建筑与山石为实，流水为虚。

（十）蜿蜒曲折

中国传统园林建筑在格局上忌平直而求曲折。为了引人入胜，求得景的瞬息万变、求得意境的幽深，在布局上无不极尽蜿蜒曲折之能事。

在造园中，廊具有极大的灵活性。它可长、可短、可直、可曲，借助它的连接可把多个简单的建筑组合成为极其曲折而富有变化的建筑群。例如："海棠吟社"中的"秋爽斋"和院西部的半边亭，用曲廊相连后，有曲折不尽、变化无穷之感。这在很大程度上归功于廊的形式不拘一格，廊不仅使流线、空间变得曲折回环，还与"流动空间"有异曲同工之妙。

图-147 《曲折不尽》
"海棠吟社"中的曲廊，曲折不尽，意境幽深，曲折而富有变化，移步景换。

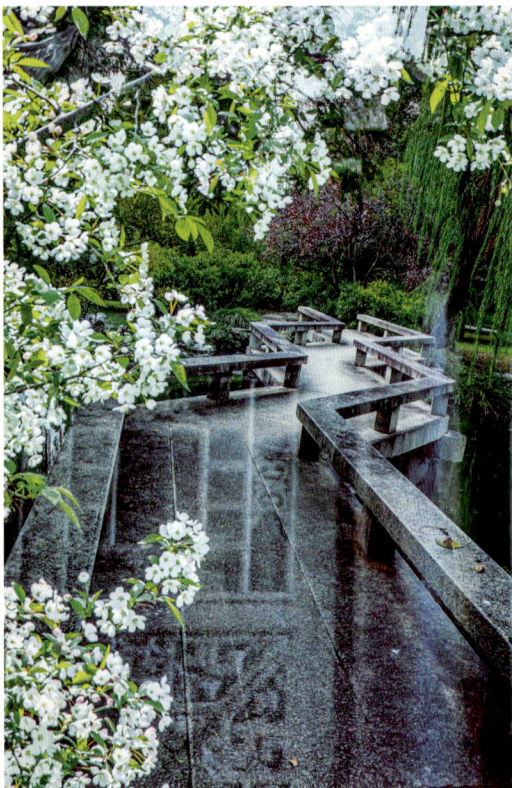

图-148 《曲折回环》
"沁芳钓台"与"药园沉醉"之间曲折回环的石桥把两个景区连通，其意境幽深。（多重曝光作品，器材：佳能 EOS 5D Mark3，多重曝光模式：加法、曝光次数：2次。第一次曝光：光圈：f/8.0，快门：1/60 sec，曝光补偿：0档、ISO-100，焦距：400.0 mm，镜头：100-400 mm；第二次曝光：光圈：f/8，快门：1/400 sec，曝光补偿：-1档、ISO-100，焦距：24.0 mm，镜头：24-70 mm）

图-149 《迂回弯曲》

"香圃计草"中的景门、漏窗等景点，用迂回曲桥把游人引入另一个景点之中。

除建筑外，构成园林的其他要素如山石、洞壑、水、驳岸、路径、桥、墙垣等，均力求蜿蜒曲折而忌平直规整。例如：桥，"沁芳钓台"与"药园沉醉"中用蜿蜒曲折的花岗岩曲桥连接，使两个独立的空间连成一体；墙垣，"香蒲计草"中的云墙，平面随湾就直，立面也具起伏和变化，用它分隔空间，曲折性强，有强烈的动势感。巧妙地借用这种动势，可起到空间导向作用；驳岸，"沁芳钓台"中的溪流与"枕翠分花"正南面的溪流均用太湖石驳岸，使水体宽窄不等，弯曲不定，富有了韵律感。这样的处理既保护了沿岸的水土不被流失，又增添了水系两岸的景观；路径，"芦雪联吟"中北面枫香杂树林中的卵石小路，蜿蜒曲折，曲径通幽。本园中蜿蜒曲折的例子还有很多，运用恰当，趣味盎然。

图-150 《龙墙》

"香圃计草"中的云墙曲折性强，犹如游龙一般，俗称龙墙，具有强烈的动势感。

图-151 《萦廻屈曲》

"枕翠分花"意境单元正南面的溪流用太湖石驳岸，宽窄不一，迂回曲折，富有韵律。

图-152 《羊肠小道》
"芦雪联吟"意境单元北面枫香杂树林中卵石铺设的羊肠小道，曲径通幽，树林深处还隐藏着一座供游人休息的圆亭。

（十一）高低错落

与蜿蜒曲折相联系的是高低错落，两者都明显体现在园林建筑的群体组合之中。前者是从平面的角度来看，后者则从竖向的角度来看，两者的结合使园林建筑变化丰富。为求得天然情趣，常选择在依山傍水或地形有起伏变化的地方建园。有时为突出这种形式，千方百计地用人工堆山叠石，引水开池，从而改变原有地形使之具有起伏变化。还有爬山廊、跌落游廊、大小高低的植物种植等，都有无穷的高低错落变化。

"香丘残红"意境单元内的原地形平坦，为产生高低错落的变化，用开挖水系的土在东北面做一个小土丘，西北面也做个微型土丘，在正南面堆了一座由东到西的山岗，并在其最高处建了一座六角"香丘"亭。改造后的地形，呈三面高中间低之势。虽然没有太高大的山，但与原来的地形相比，呈现高低错落的样貌。正南面的山岗东低西高的处理，不但遮住了景观不佳的原中山陵老旧的玻璃花房，还用太湖石包土的手法建造卵石小路，蜿蜒曲折通向最高处的六角"香丘"亭。山下的黛玉葬花雕塑和葬花冢与之互为对景，整个意境单元山上山下满植繁花植物，地形高处种大树，低处种矮树。总之，这样的地形改造与植物种植，高低错落有致，创造和提升了该"意境单元"的起伏错落、韵律节奏的变化。

图-153 《多层次》

"香丘残红"中用人工办法堆山叠石，改变原地形，使之有高低错落化；特别是乔灌木的配置，使林冠线多层次，色彩丰富。

图-154 《起伏错落》

"香圃计草"中粉墙黛瓦，景门景窗数量为全国之最。起伏错落的粉墙黛瓦配以景门景窗，体现中国传统园林的特色。

图-155 《高低错落》

"海棠吟社"中建筑、假山、池水以及植物的配植等，高低错落，使空间与层次有着无穷的变化。

图-156 《天地一色》

"香丘残红"中的山岗是用人工引水开池，用改造地形的土堆山叠石而成。这不仅改变了原平坦的地势，还挡住了景观不佳的老旧花房，加上植物的配植，高低错落，变化丰富。

（十二）仰视与俯视

园林建设者往往会利用自然地形的起伏或人工堆山叠石，使景观具有高低错落的变化。游人登临高处时视野开阔，鸟瞰或俯视四周的景观，或人自低处向上看，使人产生巍峨壮观之感。在园林建设中利用视高的变化来配置景物，可以收到意想不到的效果。

仰视与俯视是互为变换的。如建在全园最高处的"芙蓉亭"，若自下方的"梨园雏缨""沁芳钓台"看它，可以获得极好的仰视效果；反之从"芙蓉亭"朝下看，居高临下，也可获得俯视周围景物的效果。所以"高方欲就亭台"成为园林建筑的一条重要原则。

"红楼艺文苑"中除了"芙蓉亭"外，还有几处制高点，如"海棠吟社"中的太湖石大假山顶、"香丘残红"中的六角"香丘亭"、"香圃计草"中的石亭等，游人可循踏步盘廻而上，可俯瞰山下的一切景物，获得良好俯视效果；反之，站在低处自下向上观看，也可以获得极好的仰视效果。

图-157 《鸟瞰》
"海棠吟社"中登临太湖石大假山之巅，俯视四周的景观，有"会当凌绝顶，一览众山小"之感。

图-158 《仰视》
"芙蓉仙界"中的"芙蓉亭"建在人工堆砌的山顶之上，该山是全园的制高点，从山脚下仰视该亭，有着极美的仰视效果。

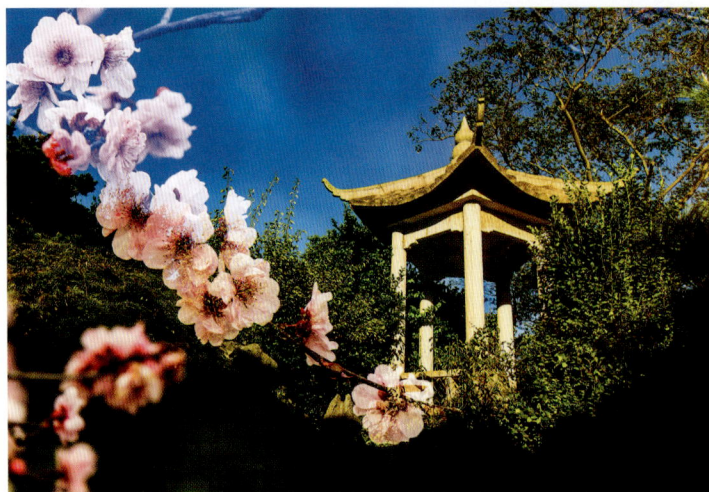

图-159 《仰望》
"红楼艺文苑"西南门进口处太湖石假山上的石亭的仰视效果。（多重曝光作品，器材：佳能 EOS 5D Mark3，多重曝光模式：平均、曝光次数：2 次。第一次曝光：光圈：f/5.6，快门：1/50 sec，曝光补偿：0 档、ISO-100，焦距：115.0 mm，镜头：70—200 mm；第二次曝光：光圈：f/10，快门：1/320 sec，曝光补偿：−2 档、ISO-100，焦距：20.0 mm，镜头：11—24 mm）

（十三）渗透与层次

追求意的幽雅和境的深邃是中国传统园林的重要特点之一。在极为有限的范围内经营，为求得境的深邃，多不遗余力地以各种方式来增强景的深度感。前面提到的廊与墙、虚与实，帧幅曲折等，都是为了求得含蓄、幽深。倘若透过多重层次去看，尽管实际距离不变，但给人感觉的距离似乎要远得多。江南园林都十分善于运用这种手法来丰富空间的层次，营造一种深远和不可穷尽的感觉。

图-160 《玉树琼枝》
利用植物透视功能增强景的深度感，在透过植物观赏湖心岛上的"袖珍亭"与"沁芳"闸桥亭，空间渗透与空间层次感更强。

图-161 《渗透》

"枕翠分花"意境单元隔着水系与若干个空间相互渗透，层次感异常丰富。

图-162 《透视》

从"海棠吟社"意境单元西侧的景门"问君"中观景，门中有门的空间透视功能与空间层次感强烈。

图-163 《欣赏》

用植物网络的透视功能"观赏""梨园雏缨"水榭的空间透视与空间层次感明显。（多重曝光作品，器材：佳能EOS 5D Mark3，多重曝光模式：加法、曝光次数：2次。第一次曝光：光圈：f/1.4，快门：1/640 sec，曝光补偿：0 档、ISO-50，焦距：35.0 mm，镜头：35 mm；第二次曝光：光圈：f/8，快门：1/50 sec，曝光补偿：-2 档、ISO-50，焦距：17.0 mm，镜头：11-24 mm）

"红楼艺文苑"巧妙利用了多种元素如道路、绿篱、镂空围墙、藤蔓、水系等来分隔空间，同时又使这些元素互通、渗透，使空间显得格外深远。例如："栊翠分花"意境单元就利用水系与其他空间分割。该意境单元虽然空间有限，但隔着水系可看到东南面的"沁芳钓台"、南面的"香丘残红"、西南的"海棠吟社"以及西侧的"芦雪映映"等多个意境单元。这几个中间相互渗透，层次丰富，让游人有深邃曲折和不可穷尽之感。

江南园林中常借大量完全镂空的门洞、窗口使被分隔的空间互相连通、渗透，这就是借空间渗透而获得的层次变化与深度感。通过粉墙上的漏窗、富有变化的门洞，随着视点的移动的隔时透，可以获得忽隐忽现、忽明忽暗，既有连续性又充满变化的印象，而且还因漏窗、门洞的形式各异而具有明显的韵律感与节奏感。

▎图-164 《空间渗透》
雪后游人从"香圃计草"意境单元的景门中观景，不一样的透视与层次，给人的感受也不一样。

▎图-165 《框景》
从"梨园雏缨"意境单元的水榭透过框景去观赏"沁芳钓台""湖心岛及'袖珍亭'""芙蓉仙界"的景色，虽然距离不变，给人的感觉却远得多，空间的层次变化更富有韵律感和节奏感，美不胜收。

　　"香圃计草"意境单元利用原花圃盆景园云墙上的异形门洞、漏窗，与本单元内的各空间，与其他意境单元相互连通与渗透。其中，本单元中异形门洞有 9 个，漏窗更是有近 20 个。例如：从"香圃计草"意境单元北面中间的异形门洞"攒花"中看"海棠吟社"意境单元的大假山，虽隔着一重层次看，亦显得含蓄深远。若不是用异形洞门的框景作用来窥视外部景物，而是直接看那座假山，虽然距离不变，景物画一样的框景之感会消失，也会失掉层次变化，减弱其深远感，会使人感到平淡无奇。中国传统园林建设中，这种现象属于空间渗透范畴，也是一种框景的表现形式。

　　"梨园雏缨""沁芳钓台""芙蓉仙界"这三个意境单元采用了互为对景的手法。它们都可以透过自身建筑的柱框来看对方，这也是框景的处理手法。如果说对景强调所对的景，那么框景所强调的就是框的处理。所以从框内观景不但景观显得深远，而且更富有韵律感和节奏感。

　　至于借景，一般指把园外景色引入园内，对景、框景、借景都是把彼空间的景物引入此空间，都具有空间渗透的性质，有助于增加空间的层次感。

　　在"香圃计草"的"蓼风轩"内，能看到新梅园、梅花山、孙权广场、梅花山大草坪等景观，把园外空间的景物引入园内，园内园外的空间相互渗透，从而加强空间层次变化和深远感。这是中国传统园林建设中常用的一种手法。

图-166 《视野之内》
"蓼风轩"向外借观梅花山与新梅园的景观，以提升园内意境的深邃感。

（十四）空间序列

空间序列组织关系到园的整体结构和布局的全局性问题。中国传统园林的布局十分灵活，十分强调有法而无定式。尽管各个园的布局千差万别，既然要形成整体就必然遵循某些原则，把各孤立的点（景）连成为片断的线（观赏线路），进而把若干条线组织成完整的序列。

▌图-167 《景异》

从正面、侧面看"沁芳"闸桥亭，其形体、景的深度、空间感各异，其景观可从多个意境单元来观赏。

　　决定园的布局和整体结构的最根本因素是观赏路线的组织，有什么样的观赏路线，就会产生与之相适应的空间序列形式。最简单的是呈闭合的、环形的观赏路线，多数小园子采用这种形式组织空间序列。用空间序列常用术语可归纳为几个段落：开始段——引导段——高潮段——尾声段。

　　"红楼艺文苑"属于串联序列，它用一条园林管理养护的主干道从园子东北的大门开始，至西南的小门为止贯穿于全园。这条主干道通过次干道、和几种不一样的桥梁、汀步、小路等多种游览路线游览园中的各个"意境单元"，而且各条观赏路线具有往复、迂回、循环和不定等特点，各子序列之间没有孰先孰后的关系。中国传统园林的妙处正在于它的不定性，一切安排若似偶然，不强求必须按照某种程式行事；但无论你何去何从，都能于不经意之中得到最大的满足。所以空间系列的组织形式，仁者见仁，智者见智，这正是中国传统园林所具有的特色之一——包容性和不定性。

图-168 《贯通》

　　"红楼艺文苑"中采用一条园林管养的主干道来组织空间序列，把园中11个"意境单元"组织成为了一个完整的游览序列。这条贯通全园的主干道，从"太虚幻境"开始，通往"芙蓉仙界""潇湘竹韵""药园沉醉""枕翠分花"等，此段路为开始段和引导段。

图-169 《高潮段》

贯穿全园的园林管养主干道"沁芳钓台"段，通往"香丘残红""梨园雏缨""海棠吟社""芦雪联吟"等意境单元，此为高潮段。

图-170 《串联》

串联的园林管养路线，此段为"香丘残红"段，可游览"沁芳钓台""梨园雏缨""海棠吟社""香圃计草"等意境单元，此为高潮段。（多重曝光作品，器材：佳能 EOS 5D Mark3、多重曝光模式：加法、曝光次数：2 次。第一次曝光：光圈：f/8.0，快门：1/60 sec，曝光补偿：0 档、ISO-100，焦距：400.0 mm，镜头：100-400 mm；第二次曝光：光圈：f/8，快门：1/160 sec，曝光补偿：-3 档、ISO-100，焦距：24.0 mm，镜头：11-24 mm）

图-171 《尾声段》

贯串全园的园林管养主干道"香圃计草"段，可通往"海棠吟社""沁芳钓台""梨园雏缨""香丘残红"等意境单元，此为尾声段。

（十五）堆山叠石

堆山叠石在我国传统造园艺术中所占的地位十分重要。园，不分南北、大小，几乎是凡有园，必有山石。所以人们认为山石应与建筑、水、花木并列，共同作为构建中国传统园林的四大要素之一。

园林中的山石是对自然山石的艺术摹写，常称之为"假山"。与一般的自然山石不同，它凝聚着造园家的艺术创造，具有传情的作用。《园冶》中说"片山有致，寸石有情"就是这个意思。中国传统古典园林常借山石来抒发情趣，虽说山石具有传情作用，但人们对山石的欣赏主要限于它的形式美。

"栊翠分花"与"海棠吟社"的庭院都采用置石的手法，把玲珑剔透的太湖石点缀在庭院中，为景点增添情趣。

在全园最大的水体中用黄石堆砌了一座石包土的湖心岛，并在岛上建了一座"袖珍亭"。该亭处于"沁芳钓台""芙蓉仙界""梨园雏缨""香丘残红"四景区的视线之中，可视不可及，起点景的作用。

"沁芳钓台"在湖心岛的南面，还是采用黄石筑台的手法，设置了一个沁芳钓台，在台上立黄石碑铭"沁芳钓台"刻字碑一块，还用黄石做汀步与该景区连通。

"芙蓉仙界"利用黄石堆叠山体和登山道，"药园沉醉"利用太湖石堆叠山丘和种植池，"栊翠分花""海棠吟社"意境单元用太湖石在粉墙中嵌石布景，"香丘残红"用太湖石和卵石铺筑小路，"香圃计草"用太湖石在西南门入口处堆砌小型假山，并在山顶建石亭，还用千层石驳岸等。这都是中国传统园林中富有情趣的一种造园手法，以山石堆叠成的山道，可随地形变化而任意转折起伏，处理得巧妙时与山浑然一体，不仅有效地解决了园内的交通问题，还增强了空间的曲折性。用太湖石堆砌山丘和种植池，不仅满足了种植需求，还提升了"意境单元"的档次和景观。用千层石驳岸不仅保护了水土，其石材层层叠叠的运势，别具一格，增添了景观的内涵。

"海棠吟社"用太湖石堆叠的大假山，借用人工堆砌的山石作为界面与对面的建筑相配合，共同形成庭院空间。其太湖石大假山建造的峰峦峭壁，山道崎岖、奇峰异石、层峦叠翠、小中见大，在这方寸之地中，尽可能地自然再现，登顶后可观赏多个意境单元的景观；还可以从假山的山洞内观景，可形成虚空的沟涧洞壑，从而造成盘迴不尽和扑朔迷离的感觉。

特置的石峰可以是一块，也可以是两三块。若是两三块，还应分出主从。特置石的石峰常因形象生动、优美、突出而成为景区的主题。例如"梨园雏缨"意境单元中有一立柱型太湖石，皱漏透瘦为一身，把太湖石的优点展现得淋漓尽致，其石被种植的紫藤缠绕，紫藤缠身盖顶，犹如仙翁头戴斗笠云游四方，这块特置石起到了锦上添花的作用。

图-172 《玲珑》

"枕翠分花"中"枕翠庵"墙
角的玲珑石配芭蕉,禅意悠
长,寓意深远。

图-173 《俊秀》

"海棠吟社"意境单元在狭小
的庭院中,俊秀的置石配植木
瓜海棠,致使景致小中见大。

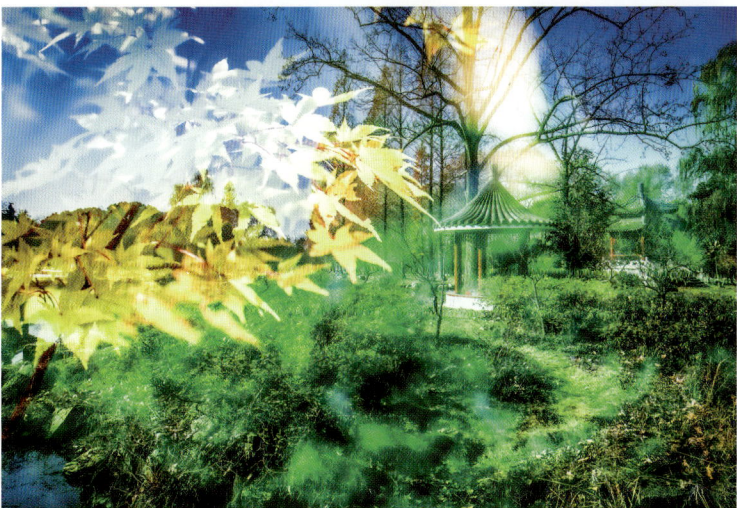

图-174 《点景》

湖心岛上的"袖珍亭"起到点
景作用。(多重曝光作品,
器材:佳能 EOS 5D Mark3,
多重曝光模式:加法、曝光
次数:2次。第一次曝光:光
圈:f/5.6,快门:1/50 sec,曝光
补偿:0 档、ISO-100,焦距:
227.0 mm,镜头:100-400 mm;
第二次曝光:光圈:f/5.6,快
门:1/1600 sec,曝光补偿:-2
档、ISO-100,焦距:24.0 mm,
镜头:11-24 mm)

图-175 《祥云》

　　"沁芳钓台"意境单元中用黄石筑台，台中铭"沁芳钓台"石碑一块，并用大块黄石做汀步，作为台水之间的通道与景区连接。

图-176 《堆山叠石》

"芙蓉仙界"意境单元用黄石堆叠山体、堆砌山道等，借用黄石的浑厚与色彩来增加山体的自然与稳重，以减少人工痕迹，增添自然生趣。

图-177 《峰峦峭壁》

"海棠吟社"意境单元用太湖石堆叠的大假山，再现大自然的峰峦峭壁、山洞蜿蜒、玲珑秀美，非自然而胜于自然。

图-178 《别有洞天》
洞穴是人造假山必不可少的手法之一，站在假山洞穴前留个影，从假山洞穴中观赏"秋爽斋"，别有洞天。

图-179 《巅峰》

"海棠吟社"意境单元中的太湖石大假山，山道崎岖、奇峰异石、层峦叠翠，小中见大，尽可能地在这方寸之地中自然再现。

"香丘残红"意境单元西边微地形的山丘旁，也有一块山中采石，石身上刻有"山生石"三个大字，外形像一尊长寿的老寿星，立石面对"海棠吟社"意境单元的拱桥和圆拱门。此石的立意为"红楼"文化源远流长，长生久远。

在较小的庭院内掇山叠石，还有一种常见手法即是在墙中嵌理壁岩。以粉墙为背景，有的嵌石于墙内，犹如浮雕，特别是透过特意设置的门窗洞口去看，其画意则更浓。在"栊翠分花"意境单元中采用了这种手法，把太湖石镶嵌在栊翠庵后面的粉墙上，在墙边还堆砌了几座太湖石种植池，以栊翠庵旁的洞门为框，从中看去，太湖石皱漏透瘦的美，在粉墙和植物的衬托下，像一幅美丽的山石画，弥补了小庭院内景观上的不足。

图-181 《山生石》

"香丘残红"意境单元中有一块从深山中采来的山生石，石身上刻有"山生石"三个大字，外形像一尊长寿的老寿星，寓意红楼文化源远流长，长生久远。

图-182 《框与画》

"枕翠分花"意境单元采用中国传统园林的手法造景，把太湖石镶嵌在粉墙之上，以景门为框，从中看去像一幅美丽的山石画。

　　山石可用作水池驳岸。驳岸转折要自然；石块大小和形状应搭配巧妙；且大小相间，疏密有致，并具有不规则的节奏感。"沁芳钓台""枕翠分花"以及"香圃计草"意境单元中的水体，均采用了太湖石驳岸的手法，使新开挖的水体岸基得以加固，也进一步提升了该意境单元的景观。

图-183 《驳岸》
　　"香圃计草"意境单元中"蓼风轩"南面的水体采用千层石驳岸，石块那层层叠叠的运势，别具一格。

（十六）庭院理水

和山石一样，水，也是构成中国传统园林的基本要素之一。园林无论大与小或南与北，凡条件具备，都必然引水入园。即使条件受限，也会千方百计以人工方法引水开池，点缀空间环境。

园林用水布局上可分集中与分散两种形式；情态上有静有动。集中而静的水面能使人感到开朗宁静，一般中、小型庭院多采用这种用水方法。集中用水的特点是：整个园子以水池为中心形成一种向心、内聚的格局。

分散用水的特点是：用化整为零的方法把水面分割成互相连通的若干小块，因水的来去无源头和不可穷尽的幻觉，给人以深邃幽远的感觉。

"红楼艺文苑"采用的是分散用水的造园手法，将原有三个花圃灌溉用的小水体，经过规划设计和施工，东面的一个小水体改造成了园中最大的水体，由"芙蓉仙界""沁芳钓台""梨园雏鹰"三个'意境单元'环抱，水面开阔宁静。

图-184 《冬雪》
"芙蓉仙界""沁芳钓台""梨园雏缨"意境单元环绕着全园最大的水体，三个景区互相对景，景观互相渗透，冬雪后的景色格外宜人。

在"海棠吟社""芦雪联吟""香丘残红"意境单元的中心有一个小水体，是原花圃的灌溉用水，处于三景区中心，三景观相互渗透，属于园中的分散用水之一。

"芦雪联吟"与"海棠吟社"各自的南面也都有一个小水体，上述三个水体由"芦雪联吟""香丘残红""海棠吟社"环抱，用一个仿竹桥、一个圆形拱桥、一组汀步跌水坝分隔开来。水源是从"椓翠分花"南面的水系经仿竹桥下流入"芦雪联吟"，再从"芦雪联吟"南面的圆形拱桥下面的跌水坝流入"香丘残红"，最后由"香丘残红"西北侧的汀步跌水坝流入"海棠吟社"。这就是园中比较集中的、处于园子中心的三个大小不同、形状各异的分散用水、这三个水体的存在，使这几个意境单元的空间富有自然情趣。另外，全园中最后一个水体在"香蒲计草"意境单元中，水源由"海棠吟社"水体南面大假山下面山洞里的暗河流入。

图-185 《童话世界》
处于"海棠吟社""芦雪联吟""香丘残红"中心的水体，属于园中的分散用水之一，雪后的景区犹如童话世界。

图-186 《芦苇荡》
"芦雪联吟"意境单元的水中和岸边种植大量的芦苇、芦荻、茅草，与"香丘残红""海棠吟社"景区互相渗透，这个水面也是园中最小的分散用水。

　　"枕翠分花"意境单元正南面的溪流，水源从"沁芳钓台"的溪流经曲桥流入"枕翠分花"段，此溪流把园中的所有水体都串联了起来。

园中最后一块水体在"香圃计草"意境单元中，是从"海棠吟社"的大假山下，采用山洞、暗河的手法把水引入，水体围绕在"蓼风轩"周围。"蓼风轩"水体南面也就是园外，还有一个属于新梅园的水体，园内与园外的水休用一个半岛加一道跌水坝进行分割，在园内可借对面的新梅园的景观。

全园的水由东向西汇聚在"海棠吟社"的水体内，并由大假山底下的洞穴，采用暗通河的方式，流入"香圃计草"意境单元中，其水体也是全园中的最后一块水体。

图-187 《水陆萦廻》
"枕翠分花"前面的溪流水陆萦廻、承前启后、起着贯串全园水系的作用。

图-188 《暗通河》
此作品获 2024 年知识碗国际摄影巡回赛 DigIRap 赛区 APAS 金牌，也获 2025 年新加坡 digiRAP 国际摄影沙龙巡回赛怡卡金牌。

《七律·暗通河》

海棠吟社映斜阳，半边亭立黛瓦墙。红霞满天游人醉，清波一泓暗河藏。
曲廊连缀秋爽处，大树倚石峭壁旁。红梅绽放金光里，倒影摇曳水中央。

赏析： 这首诗以《暗通河》摄影作品为蓝本，通过细腻的笔触描绘了"海棠吟社"中的半边亭、清波、曲廊、大树等元素，展现了夕阳西下时的美丽景色。诗中"红霞满天游人醉"等句，既表达了游人的陶醉之情，又烘托出庭院的宁静与神秘，使读者感受到那份超脱尘世的美好与宁静。

　　全园的水体大小不一，宽窄不同，形态各异，整个水系呈带状分布。这是对自然界溪流的艺术摹写。因理水遵循忌宽而求窄、忌直而求曲的法则，所以园子的理水从"芙蓉仙界"意境单元的水源池起（水源从东北角的紫金山的山沟引入），经"梨园雏缨"意境单元的大水体、"沁芳钓台"与"椒翠分花"意境单元的溪流串联，再经过"芦雪联吟""香丘残红""海棠吟社"意境单元三个分散水体，最后经过"海棠吟社"意境单元大假山下面的暗河，汇入到"香圃计草"意境单元为止。这些大大小小的水体，宽窄不一的溪流，屈曲回环，穿桥过坝，绕山过洞，穿堑通谷，动静协调，有深邃幽远的情趣，给人有不一样的空间和环境体验。

　　总之"红楼艺文苑"中的庭院理水布局属于分散理水。第一个水面开阔宁静；溪流由闸亭桥、曲桥、仿竹桥分割，属于动态水；第二、三、四个水体比较集中，由拱桥、桥下水坝、汀步水坝相隔，它们虽小但非常幽静；最后一块水体曲折而富有变化。所有水体各自独立，又借溪流、暗河连成一体，有连绵不断的幽深感。

　　"芙蓉仙界"中的芙蓉亭，"梨园雏缨"中的水榭，"沁芳钓台"中的闸桥亭，"药园沉醉"的史湘云雕塑，"椒翠分花"中的椒翠庵、半边亭与宝琴采花雕塑，"芦雪联吟"中的芦雪庵，"海棠吟社"中的庭院、秋爽斋、曲廊、半边亭、大假山，"香丘残红"的香丘亭与黛玉葬花雕塑，"香圃计草"的蓼风轩、曲廊、爬山廊、云墙及其建筑等，这些景点都是通过上述的理水而建，全园的水系把这些分散的独立空间串联在一起，形成了若干个中心和各自的空间环境。这些空间环境既自成一体又互相连通，有一种水陆萦迴、意境单元间列、小桥凌波的水乡氛围。

图-189 《临界》
园中最后一块水体环绕着"香圃计草"意境单元中的"蓼风轩"，由一条细长的半岛和跌水坝与园外梅花山大草坪的水体相连。

（十七）花木配置

园林景观的形成与花木有直接或间接的联系。有些建筑的命名也与花木有关，有的以直接观赏花木为主题，有的借花木间接地抒发某种情感。例如："芙蓉仙界"意境单元中，借芙蓉抒发出淤泥而不染的高洁品质；"潇湘竹韵"意境单元中，借风吹雨打斑竹而产生的声音；"栊翠分花"意境单元中，借梅花盛开时的芬芳气味；"药园沉醉"意境单元中，用花团锦簇的牡丹与芍药；"海棠吟社"意境单元中，用海棠斑斓的色彩；"香丘残红"意境单元中，用繁花残红等，来渲染气氛，营造意境。每个"意境单元"，用能体现自身意境的植物，达到展现与烘托意境和情趣的目的，并给人以不同的艺术享受。

园林中的树木，有点植与丛植两种种植形式。从视觉上看，点植的树更加引人注目，多为高大的乔木。点植的树可以起到两种作用：一是烘托陪衬建筑物，二是点缀庭院空间。前者以建筑为主体和中心，以高大乔木环绕四周种植，有远有近，前后左右均匀，避免机械的对称。

在"红楼艺文苑"中，树木点植与丛植随处可见。例如：在"沁芳钓台"意境单元西侧、主干道以北的路边，点植了一株像伞一般的香樟树，

图-190 《点植与丛植》

点植的香樟树下可供游人休息，丛植的香樟林遮天蔽日，可供游人嬉戏玩耍。两者遥相呼应，给游人提供了多种选择。

树下设置了一条长凳，在此树不远处，又丛植了几株香樟树，点植与丛植的香樟树遥相呼应。点植的树下可供游人休息，丛植的树冠连成一片，遮天蔽日，可供游人嬉戏玩耍。丛植林的东侧为原有的五针松林，南面是一些花灌木，这些植物起到了隔离空间的作用。此丛植林北面，有条溪流与"栊翠分花"相隔并互为对景，游人在此空间中可观景和游戏。

再如："沁芳钓台"意境单元中，"沁芳"闸桥亭前的路西，点植了一棵银杏树，路东丛植了一片落羽杉树。银杏树属落叶大乔木，冠圆锥形，枝斜生而匀称，叶形似小扇，秋季叶色为金黄色；落羽

图-191 《粉装玉砌》
"芦雪庵"旁丛植着大片芦苇、芦荻和茅草，营造了独特的意境。

杉属落叶乔木，树冠为塔形，侧生小枝秋后随叶脱落，叶条形，秋季叶色为棕红色。两种树木形态不同，枝叶形状有别，秋季叶色差异较大，两者形成了强烈的对比。以上点丛种植树木，让人有一种美的享受。

点种和孤植的树还可以点缀庭院空间。中国园林多以建筑游廊、墙垣，围成既小且又封闭的空间院落。这样的小院如不培花植树，必然显得光秃、单调，但花木过于繁茂，又显局促拥塞。这种小院可孤植或点植乔木二三株以作点缀，常可获得良好效果。极小的院落以孤植为宜，宜偏于院的一角忌居中种植。其高度疏密应与院落的大小适宜。

"海棠吟社"意境单元中"秋爽斋"正北的院子里、西南边的花坛中，孤植了一株高大的木瓜海棠；院子的东北边和西北角各点种了两株垂丝海棠和一株西府海棠。院子正北的花窗前点种了几丛芭蕉，院子的西北边还点种了几丛贴梗海棠。同院种植的海棠树高矮不同，形态不一，色彩有别。木瓜海棠属于落叶大乔木，花为红色或粉红色，具有香气；西府海棠属于落叶小乔木，伞形总状花序，花瓣粉红色，垂丝海棠同属落叶小乔木，花梗长而下垂，花瓣浅玫瑰红色；贴梗海棠属于落叶灌木，花簇生，花色有猩红色、橘红色或淡红色。海棠花开似锦，花姿潇洒，花娇动人，为该意境单元提升了意境。特别是拥有丰富的姿态和色彩的海棠被喻为"国艳"，古往今来有多少人赞美它，又有多少人为它魂牵梦绕？

图-192 《搭配》

"沁芳"闸桥亭左侧点植的银杏，叶色
金黄，右侧丛植的落羽杉，叶色棕红。
这种点丛种植，树形、叶形、叶色的差
异，种植疏密等，给游人提供了不一样
的情景，产生独特的审美享受。

图-193 《大雪盈尺》

"海棠吟社"意境单元门左侧点植有木瓜海棠,右侧丛植有垂丝海棠、西府海棠、贴梗海棠等,借以营造海棠诗社的氛围。

　　园林建设点种与丛植相结合、乔木与灌木相搭配,方能造成枝叶繁茂、嘉木葱茏的气氛。若考虑色彩的对比与协调、开花的季节先后、四季常绿等因素,考虑某一主题或景观,应选择相同品种的花木且复种;或以某一品种为主并辅以其他品种,要有常绿和落叶树种、有乔木和灌木等。

　　"栊翠分花"的种植为典型的点种与丛植相结合。点种有原花圃的五针松,设计种植的有罗汉松、黑松、银杏、芭蕉、石榴、八角金盘、枫杨、倒槐、青铜、蜡梅以及南天竹、十大功劳等,丛植有桂圆木和园中最多的植物红梅。这简朴宁静的栊翠庵,放生池在庵前,万物沉默静寂,青松绿树环抱,雨打芭蕉植窗旁,花草簇拥各院落,蜿蜒小路穿庭过,红梅飘香在院中,疏是枝条艳是花,春妆儿女竞奢华,禅意深远的意境展现在游人眼前。

图-194 《秋色》

"海棠吟社"除配植意境植物海棠外,还辅配一定数量的景观乔灌木,使单元内花木层次高低错落、五彩斑斓。

图-195 《禅意深远》

"枕翠分花"简朴宁静，点植的五针松、丛植的红梅、墙角的芭蕉等，青松绿树环抱，禅意深远。

"香丘残红"意境单元种植乔木与灌木搭配为：在正南面山岗上的"香丘"亭周围，点种了几株大樱花树和常绿树种黑松、石榴、女贞、梅花以及凤仙花等；正西面有丛植的悬铃木、香樟、银杏、槭树、栀子花、月季等植物。

"香丘残红"单元为了突出主题，以丛植方式广植梅花、碧桃花、樱花、榆叶梅等繁花植物，营造落英缤纷的气氛。春暖花开时，在梅花丛植林中，有笑傲冰雪的"红冬至"，花色深粉红，花期1月初至2月底；有冰清玉洁的"初雁"，花色乳白色，花期1月底至2月底；有清逸幽雅的"寒红"，花色淡紫红，花期2月上旬至3月上旬；有艳如朝霞的"南京红"，花色紫红，花期2月上旬至3月上旬；有鲜艳夺目的"别角晚水"，花色淡玫瑰红，花期2月下旬至3月中旬；有脉脉含情的"贵妃"，花色深粉红，花期3月上旬至下旬；有含苞羞放的"美人梅"，花色浅紫，花期3月中下旬至4月上旬；有芬芳雅致的"花束送春"，花色淡玫瑰红，花期3月中下旬至4月初。这里丛植的梅花有近百个品种，大部分先花后叶，少数花叶同放。这些繁花的花期从1月起，一直延续至4月中旬才结束，为衬托黛玉葬花的意境而种植。

图-196 《黛玉葬花》

"香丘残红"意境单元的主角是丛植的繁花植物,梅花、樱花、碧桃花等,呈现黛玉葬花之意境。(多重曝光作品,器材:佳能 EOS 5D Mark3,多重曝光模式:加法、曝光次数:2 次。第一次曝光:光圈:f/5.0,快门:1/160 sec,曝光补偿:0 档、ISO-100,焦距:263.0 mm,镜头:100~400 mm;第二次曝光:光圈:f/8,快门:1/400 sec,曝光补偿:-5/3 档、ISO-100,焦距:18.0 mm,镜头:11~24 mm)

从东面刻有"香丘"石碑的入口向西望去,地形呈中心低、外围高,起伏有致,这样的地形为植物种植提供了丰富的想像空间。高大的上层木为悬铃木、香樟、银杏等,中层木为槭树、黑松、紫叶李、女贞等,最丰富的是该意境单元中丛植的繁花植物梅花、樱花、桃花、榆叶梅等。多品种花木间种的配置,繁花疏密有致,使林冠线外轮廓高低错落有致,让人步移景异,应接不暇。

此意境单元正南面山岗之上的 "香丘亭",山岗下被红花檵木环绕的汉白玉黛玉葬花雕塑,以及旁边的葬花冢和黑色石碑上的葬花诗,这一亭、一雕塑、一冢的设置,把意境推向了高潮。此情、此景、此意的展现,让人联想无限:"满地残红点绿苔""无可奈何花落去,似曾相识燕归来"。三春尽去,繁花都免不了凋零的命运,但绝世芳华却成了抹不去的经典。

大面积的丛植密植,可形成郁郁葱葱的树林效果,丛植密植应以某一树种为主而杂以其他品种,且密中有疏,大小相间,高低参差错落,做到虽人工种植却宛如自然山林。

144

图-197 《美不胜收》

"香丘残红"意境单元点植与丛植的悬铃木、梅花、樱花、桃花、香樟、银杏、槭树、栀子花、月季等植物，使该景区美不胜收。

园林中的树可起到丰富空间层次和加大景深的作用。前面所述门洞或窗口隔着一重去看，尽管实际距离不变，但感觉却显得深远。此外，透过枝叶扶疏的网络去看某一景物，也可获得不同的含蓄感。

图-198 《岁寒三友》

本园利用植物造景比比皆是，但"香圃计草"意境单元框景中的"岁寒三友"仅为其中之一。

图-199 《彩虹》

隔着枝叶去看"太虚幻境"意境单元中的大牌坊,红枫的秋叶像一道彩虹挂在半空,含蓄深远,烂漫多姿。

图-200 《寂寞》

雪后透过树枝的网络去看"太虚幻境",同样是从红枫的树枝下观景,感受却不同,孤独寂寞,意味深长。

　　"太虚幻境"与"芙蓉仙界"两意境单元近在咫尺，却是两个大小不同的空间。由于密植于山坡上的树木和竹林，枝叶繁茂浓密，恰似一道帷幕，使两意境单元互不干扰，自成一体。茂密的林木在限定空间中扮演着主要角色。

　　"海棠吟社"与"香圃计草"之间有一个较大的、用开挖水体的土堆砌成的土丘，土丘之上丛植密植了一大片丛林，丛林以枫香树为主，以五针松林、乌桕、红叶李、梅花、鸡爪槭等为辅。林下还植有红花檵木、构骨、南天竹、二月兰、麦冬、草坪等灌木和地被植物，虽然树种不多，但密中有疏，大小相间，高低参差错落，起着遮挡视线和分隔空间的作用。另外，借密植与山丘上的林木来补偿建筑的不足，其植物配置在限定空间中发挥主导作用。

图-201 《各尽其责》

　　"太虚幻境"与"芙蓉仙界"两意境单元近在咫尺，由于植物配植的分隔，使两空间互不干扰，各显其美。

"红楼艺文苑"的规划与建设，充分利用《红楼梦》著作中具有诗情画意的章回与场景来设计，每一个意境单元都植有显示其意境的植物。在造园手法上始终围绕植物造景为主的原则，根据地形及意境需求来进行植物配置，配植的植物不但能展示文化艺术场景和意境需求，还能形成独自的景观特色。另外，除每个意境单元主景植物外，还辅以一些能衬托主景植物和意境的植物，目的是进一步突出红楼文化专题园的植物造景特色，并且尽量让所有的花木种植虽人工所为却宛如自然生长一般。

图-202 《宛如自然》
"海棠吟社"与"香圃计草"之间，密植的丛林，虽人工种植，却有自然的效果。

◎ 后记

　　"红楼艺文苑"的规划设计与建设，受到多方指导与支持，凝聚着风景区人的智慧与辛勤付出。这座红楼文化专题园，从最初的构思、规划到施工建设，每一个环节都凝集着无数景区人的心血与汗水。作为主持该项目规划设计及施工的建设者，我深感荣幸与自豪。

　　《红楼梦》是我国古典小说的巅峰巨著，代表着一个时代的文学艺术水平。这部世界文学名著，如一颗璀璨的明珠，散发着永恒的魅力。曹雪芹，这位文学巨匠，在金陵的一方水土中孕育而生，他的著作也与金陵"石头城"结下了不解之缘。为了纪念这本巨著与金陵的这段因缘，中山陵园风景区创作建造了"红楼艺文苑"这座红楼文化专题纪念园。

　　园中 11 个展现红楼文化的意境单元，各具特色，美不胜收。从"太虚幻境"的氤氲缥缈，到"芙蓉仙界"的冰清玉洁；从"潇湘竹韵"的孤高气质，到"芦雪联吟"的诗意雪景；从"栊翠分花"的古朴幽静，到"药园沉醉"的花团锦簇；从"香圃计草"的活泼童趣，到"沁芳钓台"的浪漫诗意；从"香丘残红"的落英缤纷，到"海棠吟社"的五彩斑斓，再到"梨园雏缨"的硕果累累，每一个意境单元都是一幅生动的画卷，将《红楼梦》前八十回中那些具有诗情画意的场景和情节性的人物故事展现得淋漓尽致。

　　我们以《红楼梦》巨著为蓝本，选取其中最具代表性的元素，以植物造景为主、建筑小品为辅，打造出了一座清式古典写意山水园与传统现代专题公园。我们希望通过这座文化专题园，让人们能够深入地感知曹雪芹，宣传与展示金陵文化，更深地理解、体会、思考、探讨和研究《红楼梦》这部巨著。

　　在前期规划设计中，我们有幸得到了南京规划设计大师朱有玠的指导，"太虚幻境"牌坊旁的说明碑文是他所写，西南门的"红楼艺文苑"匾额也是他所书。该园的植物种植得到了南京园林专家左大民的指导，建筑规划设计得到了南京古典园林设计专家叶菊花的指导，园中的楹联、牌匾的书写也得到了多位书法家的支持，在此表示衷心的感谢！

参与"红楼艺文苑"规划设计的人员有（以姓氏笔画为序）：叶奇志、朱生树、吴宁、陈设、吴建生、张宇实、余晓琨、杨毅强、周磊等。参与建设施工的人员有（以姓氏笔画为序）：冯国华、朱生树、吴建生、周磊、徐生弟等，以及园景园容处全体从事园林工作的职工；"红楼艺文苑"中的所有雕塑与线刻画，由中山陵园雕塑工作室完成。朱玥潼对本书的文字进行了录入和校对。

如今，这本书即将付梓，它不仅是对"红楼艺文苑"30 年历程的回顾与总结，更是我们对《红楼梦》的一份传承与怀念。希望这本书能够成为一把钥匙，开启人们对红楼文化的探索之门；也希望"红楼艺文苑"能够承载这份文化的厚重与美丽，为后人留下一份珍贵的精神财富。

最后，感谢所有为"红楼艺文苑"规划建设以及这本书的出版付出努力的人们，是你们的辛勤付出，让这座专题园和这本书得以呈现在大家面前。希望关注、关心此园的人们能参与到传播、研究红楼文化中来，期待"红楼文化"源远流长，在新时代绽放出更加绚丽的光彩。

朱生树

2025 年 4 月

◎ **参考文献**

1. 曹雪芹　高鹗：《红楼梦》，三秦出版社，1992年4月第一版，1993年3月第3次印刷。

2. 彭一刚：《中国古典园林分析》，中国建筑工业出版社，1986年12月第一版，1988年8月第2次印刷。

3.《南京梅谱》编委会编：《南京梅谱》，南京出版社，2001年2月第一版，2001年2月第1次印刷。

4. 孙可群　等编著：《花卉及观赏树木栽培手册》，中国林业出版社，1985年11月第一版，1985年11月第1次印刷。